龍

之书

龍之書

主编 杨春光

副主编 朱昌平 杨宏峰 尤艳茹

黄河出版传媒集团

宁夏人民出版社

图书在版编目（CIP）数据

龙之书/杨春光主编.—银川：宁夏人民出版社，
2012.5
ISBN 978-7-227-05154-1

Ⅰ.①龙… Ⅱ.①杨… Ⅲ.①龙—民俗文化—中国
Ⅳ.①B933

中国版本图书馆CIP数据核字（2012）第086370号

龙之书

杨春光　主编

责任编辑　惠　冰　王　瑞
装帧设计　赫　欢　狄多强
责任印制　王　艳

黄河出版传媒集团
宁夏人民出版社　**出版发行**

地　　址　银川市北京东路139号出版大厦（750001）
网　　址　http://www.yrpubm.com
网上书店　http://www.hh-book.com
电子信箱　renminshe@yrpubm.cnm
邮购电话　0951-5044614
经　　销　全国新华书店
印刷装订　宁夏精捷彩色印务有限公司

开本　880mm×1230mm 1/24　印张　8　字数　200千
印刷委托书号（宁）0011465　印数　5000册
版次　2012年5月第1版　印次　2012年5月第1次印刷
书号　ISBN 978-7-227-05154-1/B·163
定价　30.00元

目录

序

跋

序

杨春光

　　中国是龙的故乡，龙是中华民族的象征，龙文化是中华民族最重要的图腾文化。对今天的每一个炎黄子孙来说，龙的形象是一种内涵丰富的文化符号、一种血肉相联的情感纽带。上下数千年，龙的中华民族精神象征、文化标志、情感纽带的身份得到全面、广泛、深刻的认同。龙文化作为一种独特的文化凝聚和积淀，已根植于国人的思想意识里，渗透到我们社会文化的各个领域、各个方面。

　　龙是十二生肖中唯一虚构的、带有神性的动物。几千年来，中国人发挥出无限想象，创造出似鸟非鸟、似兽非兽、似鱼非鱼的龙的形象，又赋予龙兽的野性、人的悟性和神的灵性。中国龙是复合龙，龙的形象是众多动物形象杂糅而成。从外形到内涵贯穿兼容与综合精神。宋代学者罗愿等提出"龙有九似"说，即"角似鹿、头似驼、眼似兔、项似蛇、腹似蜃、鳞似鱼、爪似鹰、掌似虎、耳似牛"（《尔雅翼·释龙》）；民间画龙有"九像说"，即"头像牛，身像鹿，眼像虾，嘴像驴，须像人胡，耳像狸猫，腹像蛇肚，足像凤趾，鳞像鱼"。据说龙形象里还有鳄、蜥蜴、猪、熊、马、鲵、象、狗、猴、羊、蚕、蛾、螺、虾、龟、蛙、蚯蚓、穿山甲、鸟类以及云雾、雷电、虹霓、龙卷风、海潮、泥石流、古动物化石、树木花草、江河山脉等等。大概也只有这个综合复杂的形象能代表由多民族构成的中华民族。

　　仅就龙的形象设计而言，我们可以自豪地说，中华民族不但是一个有高度智慧的民族，而且是一个具有丰富想象力和创造力的民族。一个貌似子虚乌有的东西，被中国人刻画得惟妙惟肖，并赋予诸多美好寓意。从这个意义上说，所谓"龙的传人""龙的子孙"，只能从人文的意义上去理解，而不能从血缘遗传的意义上去理解。当然，龙作为一种精神崇拜，是我国上古先民对自然现象与现实动物有机结合的产物，是人类对不可思议的自然力的一种"理解"，是"模糊意识的集合体"。实际上，在中国，龙的象征意义远远超出习俗。中国的龙文化的形成有其历史和文化背景。中华民族是融合而成的，而龙之所以能成为中华民族的象征，就在于其是中华民族大融合的参与者、见证者和标志者。

在东方文化，特别在中华文化中，龙是力量、智慧、财富、繁荣及祥和的象征。龙之所以具有这种文化象征意义，是与传说及神话中龙在天则腾云驾雾、下海则追波逐浪、在人间则呼风唤雨的无比神通有很大的关系。国人对龙的崇拜可谓与生俱来。龙，在中国与天地世间万事万物都密切联系。有道是：儒释道中寻常见，中华大地处处龙。在礼赞龙的神威，传承龙的精神的过程中，国人已普遍认识到：龙以其包容、福生、谐天、奋进的精神底蕴，为中华民族提供了一个不可多得的象征物。

如果没有龙文化，中国的文化传统，包括建筑、雕塑、文学、绘画、书法艺术及服饰、民俗可能都会苍白无力。如今，中华龙文化随着中华儿女的脚步跨洋过海，遍布世界各地，可以说，华人移民史就是海外中华龙文化的发展史。华人华侨在全球范围内的迁徙流动，龙的概念和美学意义也传播到世界各地。

对中国人来讲，龙文化既是根源文化，也是标志文化；既是物质文化，也是精神文化；既是传统文化，也是时尚文化；既是中国文化，也是世界文化。

2012年是农历壬辰年，这一年有双春，又有闰月。在这个特殊的年份里，我们做一本关于龙文化的书，可谓当班值岁。党的十七届六中全会对推动社会主义文化大发展大繁荣已作出全面部署，文化兴国的大潮涌来，强烈向往和不懈追求先进文化，培养文化自觉和自信，增强国家软实力已迫在眉睫。作为炎黄子孙、龙的传人，我们有义务阐释龙文化，发扬龙文化，宣传龙文化，打造以龙文化为基础的中国传统文化核心价值观，传播中国人的自信、自尊、自强和智慧的形象。倡导一种多元的、包容的、博大的、和谐的民族文化，努力寻求对优秀传统文化的广泛认同和回归。虽然我们的能力有限、视野有限，但我们在为发扬传统文化、建设和谐文化尽自己的一分绵薄之力。

祝愿读者朋友壬辰年龙飞在天，龙行于地，龙游于渊。

是为序。

龙年说龙

2012 年是中国农历十二生肖中的龙年。每到龙年，总有说不尽的龙的话题。

龙是我国古代先民共同的崇拜物，从爬龙、走龙发展成为飞天龙。龙作为图腾，是一种只存在于图腾中而不存在于生物界的虚幻生物。今天，人们所知道的龙的形象综合了各种生物的特征：蛇身、兽腿、鹿角、狮鼻、虎目、牛唇、马头、马鬣、鹰爪、蛇尾、鱼鳞。有研究指，龙的形象是经过不断发展变化的，在漫长的历史过程中，龙逐渐成为整个中华民族信奉的图腾。

进入封建社会后，特别是周以后，由于皇权的膨胀，皇家逐渐将龙据为己有。《吕氏春秋》中将晋文公比喻成"龙"（公元前 636—公元前 628 年），以后又有将秦始皇比做"祖龙"的说法，汉唐之后则屡屡称皇帝为"真龙天子"，是龙的化身。至清朝，这种对龙的专制和独享，彰显到了极致。清朝的典章制度中，对于龙纹的使用，有着繁复细致的记载。但是，也正是随着清朝专制权力的崩溃，龙也从荣耀的高峰跌落下来，从皇家的象征转变为华夏民族的象征，这倒应了《周易》中的辩证"逻辑"，"飞龙在天"之后，随之就是"亢龙有悔"，最后呈现出来的是"群龙无首"的末日景象。

公元 1868 年 8 月 8 日，也就是清同治七年农历七月初一，从美国纽约州首府奥尔巴尼开往波士顿的一列客车上，迎风飘扬着一面美国人从来没有见过的旗帜——正黄的底色，镶蓝的边，三米多宽的旗幅上，飞腾着一条五爪大龙——这面龙旗就是大清国国旗，也是中国历史上的第一面国旗。国旗是民族国家的象征，并非是皇帝一家一族的象征。清朝把龙绘制在国旗上，生动不过地表明了龙已经从皇家的徽章变成了全民的图腾。从此之后，长期闭关锁国的中国人，打着龙旗，走出国门，进入西方，进入西方人的认知和想象；从此之后，在西方人的眼中，中国、中国人、中国文化乃至中国的一切，都和龙的形象结下了难分难解的关联。在西方人的观念中，龙，因此就成了中华民族的图腾和象征。

然而，清王朝的封闭和腐败，帝国主义的凌辱与瓜分，使从远古走来的华夏巨龙失去了周秦汉唐时的辉煌。直到 20 世纪 70 年代末 80 年代初，委靡了几百年的中华龙，才彻底睁开了蒙眬的眼睛。

一、龙之起源

　　龙是中国古人对鱼、鳄、蛇、猪、马、牛等动物和云雾、雷电、虹霓等自然天象模糊集合而产生的一种神物。中国龙起源于距今八千年左右的新石器时代，是原始先民对身外异己力量模糊崇拜的产物，是以现实生物和自然天象为基础，贯穿着、体现着模糊思维的艺术创造。

　　《尔雅·翼》云：龙者鳞虫之长。王符言其形有九似：头似牛，角似鹿，眼似虾，耳似象，项似蛇，腹似蛇，鳞似鱼，爪似凤，掌似虎，是也。其背有八十一鳞，具九九阳数。其声如戛铜盘。口旁有须髯，颔下有明珠，喉下有逆鳞。头上有博山（又名尺木），龙无博山不能升天。呵气成云，既能变

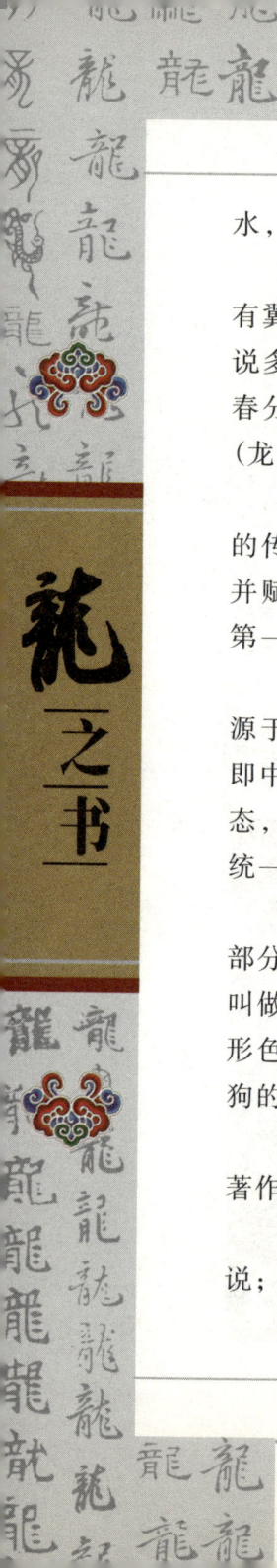

水，又能变火。可见，龙是兼具各种动物之所长的异类。

这种善变化、能兴云雨、利万物的神异动物又分很多类，有鳞者谓蛟龙，有翼者称应龙，有角者名"多它"龙，无角名虬。小者名蛟，大者称龙。传说多为其能显能隐，能细能巨，能短能长，既能深入水底，亦能腾云登天。春分登天，秋分潜渊，呼风唤雨，无所不能。在神话中是海底世界的主宰（龙王）；在民间是祥瑞的象征；在古时则是帝王统治的化身。

关于龙的传说，在中国古代经典著作中几乎每一本书都有，而关于龙的传说和神话亦不胜枚举。《易经》中便对龙作了一系列完整系统的论述，并赋以哲学的含义。八卦中整体用龙来说明的就是乾卦，也是《易经》的第一卦。

千百年来，龙的起源一直是个谜，有说源于蛇，有说源于蜥蜴，还有说源于鳄鱼，等等，诸如此类，真真假假，众说纷纭。不过有一点是肯定的，即中华龙起源于史前时代。由于史前的氏族部落社会处于相当闭塞落后的状态，各自不同的自然环境，不同的意识形态，使史前龙的形象，几乎不可能统一。

著名学者闻一多在 20 世纪 40 年代探讨了龙的原型，他认为，龙的主干部分和基本形态是蛇。他说："所谓龙者，只是一种大蛇，这大蛇的名字便叫做'龙'，后来有一个以这种大蛇为图腾的团族，兼并、吸收了许多别的形形色色的图腾团族，大蛇这才接受了兽类的脚，马的头，鬣的尾，鹿的角，狗的爪，鱼的鳞和须……于是便成为我们现在所知道的龙了。"

最早提出龙的原型为鳄鱼的是中国古史专家卫聚贤。他在 1934 年出版的著作中便说"龙即鳄鱼"。不少外国学者也认为鳄鱼是龙的原型。

除了上述两种影响较大的说法之外，还有如下几种意见：有龙源于闪电说；有龙源于云纹、彩虹说；还有龙源于松柏说；更有龙首源于猪首说。

20 世纪 70 年代以来的一系列考古发掘证明，在中国大地上，五六千年前，甚至七八千年前龙的形象就已产生，其中不少龙栩栩如生、雄姿勃发，清晰的面目，张扬的身躯，甚至与晚近到清代的龙形十分接近。

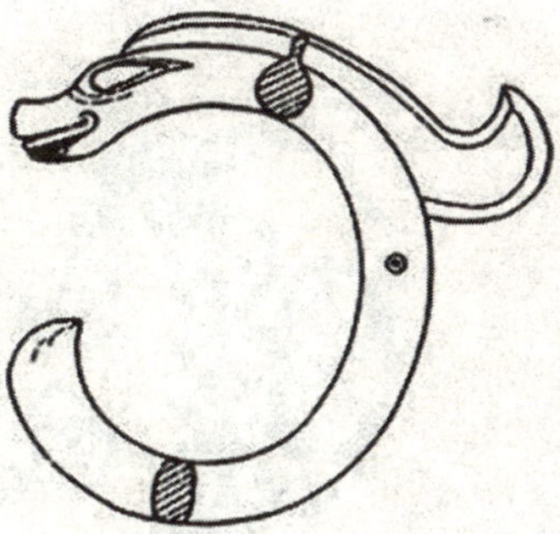

1971年，内蒙古翁牛特旗三星他拉村出土了一件"C"形青玉龙，距今五千多年（如图1所示）。

图1

1987年，河南濮阳西水坡遗址，清理到一条长1.78米的蚌壳摆塑龙，距今近六千年（如图2所示）。1994年，在湖北黄梅县白湖乡焦墩遗址，清理到一条长4.4米的卵石摆塑龙，距今约六千年。1995年，辽西阜新县沙拉乡查海遗址，清理到一条长19.7米的红石堆塑龙，距今约八千年。1996年，辽宁葫芦岛杨家洼遗址，发现了两条土塑龙，距今约八千年，另外还有一些发现，此处不再赘述。

事实上，中国龙的起源是多元的。新石器时代晚期，玉的神秘功能在先民的眼里愈发至关重要，与天地宗祖鬼神沟通的琮、璧、戚等礼器，都是用好玉琢制的。在辽西、内蒙古、徽、湘、鄂、太湖流域的发达地区，人们也

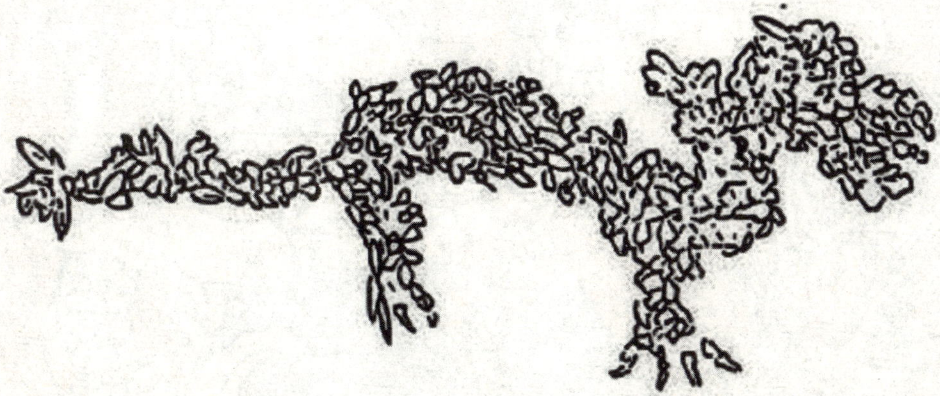

图2

用玉琢出龙形，足见龙在当时非同一般的地位。

内蒙古三星他拉碧玉龙（红山文化期）。凸吻略翘，嘴紧闭，鼻端平缓，洞形鼻孔，梭形双眼，颈脊上长鬣飞扬，恰似一匹飞奔的骏马。我们将其造型与奔马形体作一对照，比较一致（如图3所示）。

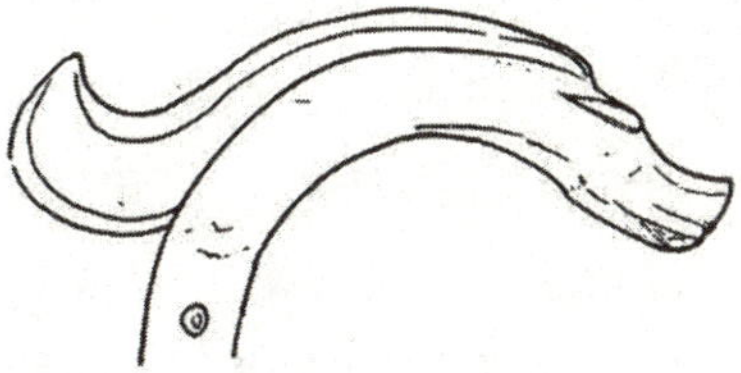

辽宁建平白玉龙（红山文化期）。有说像猪，有说像熊。近年不少持猪说的学者改说像熊。他们一方面从形象上分析像熊，另一方面依据出现红山文化重大遗迹的牛河梁积石冢内，有以熊为祭的重要迹象和出土熊首彩陶塑件，甚至附近有可能是当时先民作为山神崇拜的熊形大山。事实上，圆眼大头尖长嘴，利齿显露的，甚至肥厚笨拙的身体与当地的棕熊惟妙惟肖（如图4所示）。

安徽凌家滩出土的白玉龙距今五千年左右。首尾相连的扁环形，鸡骨白色泛绿斑，此龙除背环一周明确的脊鬣，尤为形象的是龙首呈牛头形，头上两支微翘的弯角，直观就是当地水牛头上的双角（如图5所示）。

浙江余杭瑶山出土的白玉龙（良渚文化期）。其组成比较特别，由四个同向龙首围成一个镯形。龙首分布均匀地浅凸于镯面上。嘴、眼、耳浅浮雕状，龙角、牙齿等一些细部用阴线勾勒。发掘报告描述其：眼和牙近

图 3

图 4

图 5

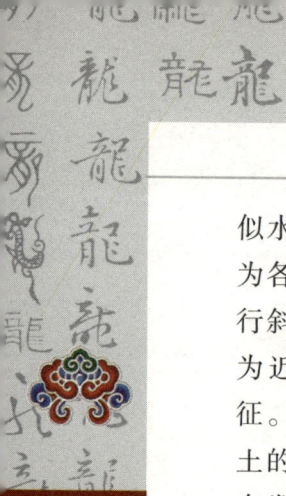

似水牛或鹿，鼻如猪，角与耳非牛非鹿，似为各种动物的结合图形。平面加一个侧面进行斜向观察，其形态和我国传统观念龙形颇为近似，环曲的镯身，或可视作龙体的象征。此类龙形，在浙江反山、瑶山等遗址出土的璜、柱形器、山字形器管和小玉璧上多有发现。扁长吻，缩颈俯伏，面额仰天的身姿酷似一条浅潜水下，仅浮露鼻眼，随时准备猎取小动物的鳄鱼的形象。一排整齐犀利的牙齿，更是这一水中猎手的生动写照（如图6所示）。

图6

湖南澧县孙家岗出土的玉龙（龙山文化期）呈扁薄状，镂刻透雕而成。头顶有高耸华丽的角状装饰，腹下有雕镂逼真的龙脚（这恐怕是已知玉龙中最早发现龙脚的例子）。但蜷曲的主体，仍隐约能见"C"字形状。长吻、圆眼等独特的造型，同样具有鳄鱼的体态特征。

湖北天门肖家屋脊出土的玦形玉龙（石家河文化期）。外形极似红山文化"C"字形玉龙，只是头形不似红山猪、熊、马首形，而略与鳄接近。

以上诸玉龙，都是我国新石器时代晚期距今五千年左右的典型玉龙。从动物学角度分析，主要是马、熊、牛、鳄几种，特征清晰，种类明确。

内蒙古地区广袤的大草原，在那里的动物主要就是牛、羊、马。而马是其中最具灵性，又有风驰电掣般的速度和巨大的承载力等，是最受牧民宠爱而赖以生存（耕作、运输、坐骑，甚至果腹等）的家畜。他们把自己生活中最重要的伙伴，虚幻成神通广大的龙的形象——长鬣飞扬的三星他拉碧玉龙，合情合理。

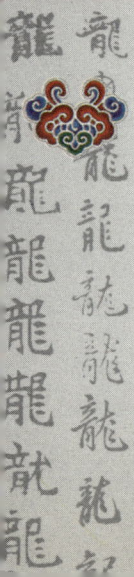

辽宁建平白玉熊龙，形象为熊，熊的力量和其在当地动物中的霸王地位，也是令人敬畏的。将其虚幻神化成龙的形象，也是完全可能的。

至于安徽凌家滩玉龙为牛首形。据了解，水牛在这一带，二三十年前还是农家的主要畜力，也是当地农民几千年赖以生存的动物，即使是20世纪50年代的人民政府，也曾多次发布公告，严禁宰割耕牛，足见牛在当地人民生活中占据过多么重要的地位。凌家滩先民把这一具有神奇般力量，对农业丰产作出极大贡献的水牛，虚幻神化为龙的形象，也是顺理成章的事。

浙江余杭瑶山白玉龙、湖南澧县孙家岗白玉龙、湖北天门肖家屋脊玦形龙，头形都似鳄鱼，而鳄鱼也正是长江流域及江南水乡地带常见的、令人印象深刻的动物。有人分析认为，鳄鱼总是在冬眠之后在春天破穴决堤造成水灾，人们也往往在这个时候看到了鳄鱼出没在波涛滚滚之中，便以为鳄鱼有一种超自然的力量，使人们逐渐由鳄产生了龙神的形象和崇拜。

繁多的龙型，特别是新石器时代晚期玉龙各有祖形的现象，说明龙的产生其实是与新石器时代晚期当时当地氏族先民所尊崇、敬畏的某种动物直接相关，与当时当地生存的动物种群有关。如鳄应该在江河沼泽的江浙湘鄂地区，而不应该出现在辽西的山区和茫茫无际的大草原上；马的踪迹至今在太湖流域的新石器时代古文化遗址中没有发现。这种与当时当地先民的尊崇物紧密相连的特殊的造龙现象，直至后来仍导致另类新龙的产生。如美国佛利尔美术馆藏的商代人首双角龙纹青铜盉（如图7所示）、

图7

汉代马王堆帛画上的人形龙（如图 8 所示）、江苏丹徒丁卯桥唐代鎏金银盆上的鱼龙（如图 9 所示）、西藏大昭寺等建筑上的长鼻象首龙，等等。其中人形龙的出现，说明受到尊崇、仰慕的首领、英雄人物等，同样可以成龙；唐代象鼻龙的出现，极有可能与当时佛教盛行有关。佛界有以象喻佛一说，因此，这里的象鼻龙是人们将外来的佛教界本已"佛法无比"的代表性动物进一步"龙化"的特殊产物。这一现象即使在科学发达的今天，仍能产生其不可思议的影响。总而言之，这种奇妙的、唯"龙的传人"独具的"龙"化的意识行为，实质就是将这种动物或人予以"神"化的过程。

图 8

图 9

　　由考古发现可知，早期的龙的形象类似马、熊、牛、鳄、蛇、猪等动物，它被看做是通天的神兽，能够帮助人们实现愿望。但到了后来，龙象征吉祥的寓意越来越强烈，龙的形象也脱离现实动物，被附加许多传说和神话，龙成为综合了多种动物特点的奇异动物。汉代以后，龙的形象与皇权联系起来，成为皇家的徽记。但在中国民间，龙始终保留了它原始的象征意义，即龙代表了喜庆、祥和与富足。直到今天，龙的形象还广泛运用于建筑、艺术、文学、宗教、绘画、雕塑、服饰、剪纸、瓷器等领域，寄托人们对未来的美好愿望。可以毫不夸张地说，有中国人生活的地方，就有龙的形象以不同的形式出现。

二、龙之种类与演变

　　骆头、蛇身、鹿角、龟眼、鱼鳞、虎掌、鹰爪、牛耳——龙是中国神话中的一种善变化、能兴云雨、利万物的神异动物，传说能隐能显，春风时登天，秋风时潜渊。又能兴云致雨，为众鳞虫之长，四灵之首。

　　龙在其形象形成过程中，曾海纳百川地汇集了多种怪异的兽形象。随着历史的演变，这些怪异兽像在龙形象发展的同时糅合了龙的某一种特征，最终形成种类繁杂的龙的形象。按长相来分，有虺、虬、螭、蛟、角龙、应龙等；按五行来分，有黄龙、青龙（苍龙）、黑龙、白龙、赤龙；按家族分，龙

北海九龙壁

有九子各不相同。

也许我们说不清道不明各式各样的龙到底都是什么来历，但这并不妨碍中国人尊龙崇龙。

◎ 龙颜各异

虺 是一种早期的龙，以爬虫类的蛇作为模型想象出来的，常在水中。"虺五百年化为蛟，蛟千年化为龙。"虺指的是龙的幼年期，曾出现在西周末期的青铜器装饰上，但不多。

虬 一般把没有生出角的小龙称为虬龙，是成长中的龙。故古文献中注释："无角曰虬，有角曰龙。"另一种则说幼龙生出角后才称虬。两种说法虽有出入，但都把成长中的龙称为虬。还有的把盘曲的龙称为虬龙，唐代诗人杜牧在《题青云说》一诗中就有"虬蟠千仞剧羊肠"之句。

螭 螭有三解，一是指龙之九子中的二子，又称"螭吻"，是一种没有角的龙。《说文》："螭，若龙而黄，北方谓之地蝼，从虫，离声，或无角曰螭。"《广雅》中有"无角曰螭龙"的记述。《汉书·司马相如传》有"蛟龙、赤螭"之载，其中"赤螭"一词，文颖注："螭，为龙子。"二是指雌龙。《汉书·司马相如传》有"蛟龙、赤螭"之载，其中"赤螭"一词，张揖注："赤螭，雌龙。"故在出土的战国玉佩上有龙螭

从战国到唐代，龙开始脱去爬行动物的特点，从匍匐走向飞腾。龙的体态多呈 S 形，显得刚健有力。形态结构也开始复杂化，出现了头发、节毛，角开始分叉，由原先的牛角变为鹿角，羊须的特征开始突出，有时则表现为兽身。表现出不可一世的姿态来。

合体的形状作装饰，意为雌雄交尾。春秋至秦汉之际，青铜器、玉雕、铜镜或建筑上，常用蟠螭的形状作装饰，其形式有单螭、双螭、三螭、五螭乃至群螭多种。或作衔牌状，或作穿环状，或作卷书状。此外，还有博古螭、环身螭等各种变化。三是指螭魅，传说中山林里害人的妖怪。《左传·文公十八年》有"投诸四裔，以御螭魅"之载，其中"螭魅"一词，杜预注："螭魅，山林异气所生，为人害者。"《左传·宣公三年》有"螭魅魍魉，莫能逢之"之载，"螭"同"魑"，"山神，兽形"也。皇帝的玉玺常见螭龙绶，象征最高权力。

蛟 一般泛指能发洪水的有鳞的龙。相传蛟龙得水即能兴云作雾，腾踔太空。在古文中常用来比喻有才能的人获得施展的机会。关于蛟的来历和形状，古典文献中说法不一，有的说"龙无角曰蛟"，有的说"有鳞曰蛟龙"。而《墨客挥犀》卷三则说得更为具体：蛟之状如蛇，其首如虎，长者至数丈，多居于溪潭石穴下，声如牛鸣。南朝宋刘义庆《世说新语》中有周处入水三天三夜斩蛟而回的故事。

人们常说"蛟龙"，其实"蛟"与"龙"是对龙在不同年龄段的称呼：小时为"蛟"，大了成"龙"。虽然都有强大的力量，却一正一邪，有着本质的不同。蛟龙有两种原型：一种是短吻鳄，英文名叫 Alligator。现在世界仅存为数不多的几种，如中国的扬子鳄；另一种是咸水鳄，学名湾鳄。唐朝韩愈写过一篇祭鳄鱼文，就是为了赶走当时在广东潮州一带为害百姓的湾鳄。现在此种鳄是现存鳄类中最大的一种，最长可达七米。

角龙 指有角的龙。据《述异记》记述："蛟千年化为龙，龙五百年为角龙。"角龙便是龙中之老者了。

应龙 有翼的龙称为应龙。据《述异记》记述："龙五百年为角龙，千年为应龙"，应龙称得上是龙中之精了，故长出了翼。相传应龙是上古时期

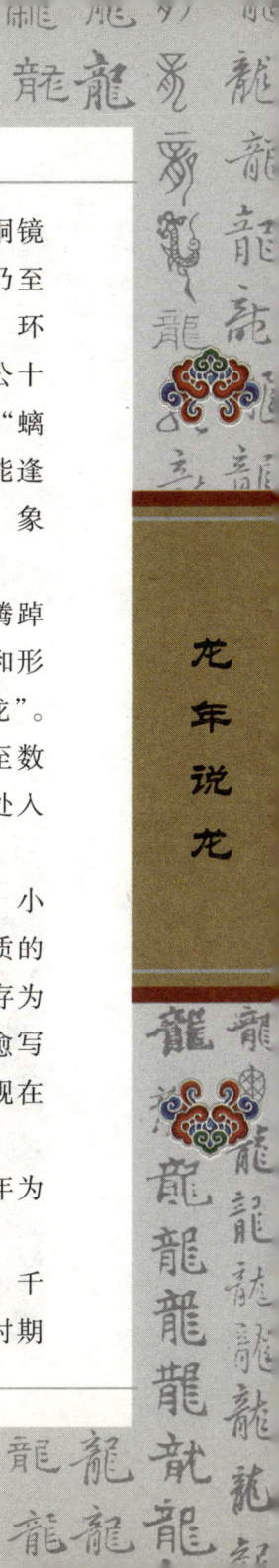

黄帝的神龙，它曾奉黄帝之令讨伐过蚩尤，并杀了蚩尤而成为功臣。在禹治洪水时，神龙曾以尾扫地，疏导洪水而立功，此神龙又名为黄龙，黄龙即应龙，因此应龙又是禹的功臣。应龙的特征是生双翅，鳞身脊棘，头大而长，吻尖，鼻、目、耳皆小，眼眶大，眉弓高，牙齿利，前额突起，颈细腹大，尾尖长，四肢强壮，宛如一只生翅的扬子鳄。在战国的玉雕，汉代的石刻、帛画和漆器上，常出现应龙的形象。

◎ 龙之五行

在五行观念的影响下，人们创造了五色龙为主的龙形象：即黄龙、青龙（苍龙）、黑龙、白龙、赤龙。按照五行观念，青龙居东方，白龙居西方，赤龙居南方，黑龙居北方，黄龙居中央。

最为明确地记述五色龙的是《神农求雨书》："春夏雨日而不雨，甲乙命为青龙，又为火龙，东方小童舞之……"它对先秦时代人们采用颜色不同的龙进行求雨的方式进行了详细的描绘；汉代大儒董仲舒在《春秋繁露·求雨篇》中也详细记述了汉代时以五色龙求雨的习俗；《河图》亦有

五色龙之称，不过该书则称黑龙为玄龙（玄即黑色之意）。

在中国人的传统观念中，黄龙最为尊贵，是真龙，其他颜色的都不是真龙。古代帝王都自称是"真龙天子"，所以都穿黄龙袍。百官和平民百姓均不得穿，否则有杀身之祸。其次为青龙，青龙又称苍龙，传说夏朝崇拜青龙，在《太平御览》和《宋书》中都有对青龙的详细记载。

在古代，青龙、白虎、朱雀、玄武被称为四灵之物，四灵主理春夏秋冬，青龙为四灵之首。民间的风水术中有这么一说：左青龙，右白虎，前朱雀，后玄武，老牛在腰间，龙头在胸前。不过，人们平常说的左青龙、右白虎不是代表真正的青龙、白虎，而是代表左右位置，青龙代表东方，白虎代表西方。

我国古代的天文学家将天上的星星分为二十八个星区，即二十八宿，用以观察月亮的运行和划分季节，而二十八宿又分为四组，每组七宿，分别是

春、夏、秋、冬四季中天之星，并分别以东、南、西、北四个方位，青、红、白、黑四种颜色以及龙、鸟、虎、玄武四种动物相配，称为"四象"或"四宫"。其中，春天配以东方，其灵物为"青龙"，因"青龙"代表了春天的生机、万物生长之气。"青龙"的生气勃勃，预示了春天的花草萌芽之象。至于夏天，天气炎热，以红色的火作代表，而且，夏季雀鸟活动特别多，因此夏天之灵物为"朱雀"。夏天配以南方。秋天带有肃杀之气，古时行刑亦多于秋季，称之为秋决。秋天来临，树黄叶落，所以"白虎"正好代表秋天落寞、肃杀的气氛。秋天配以西方。冬天则配以北方。冬季，花草树木不再繁盛，动物亦冬眠，有着收藏之象。所以，"玄武"正好代表这个季节。所谓"玄武"，即黑色的大龟，因为龟有收藏之象，而黑色代表收敛。

　　五色龙在上古时代并不是神圣不可侵犯的，先秦史籍就有不少杀龙或射龙的记载。如《墨子·贵义》中记载："帝以甲乙杀青龙于东方，以丙丁杀赤龙于南方，"这种"杀龙"方式当是古代的一种巫术，所杀之龙当是塑造之龙，其目的是以此激起天上真龙的愤怒，从而降下甘雨以消除旱灾。

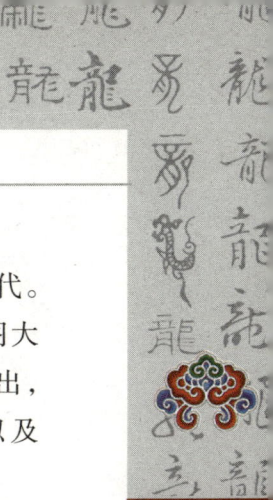

◎ 龙生九子

中国民间有"龙生九子，各有所好"的说法，这个说法大抵盛行于明代。相传，明弘治年间孝宗皇帝朱祐樘当政时，一次早朝，问礼部尚书文渊阁大学士李东阳："朕闻龙生九子，九子各是何等名目？"李东阳仓促间答不出，退朝后左思右想，糅合民间传说，七拼八凑，列出龙生九子的名目，以及"龙生九子不成龙，各有所好"句，向皇帝交了差。

明代学者徐应秋在《玉芝堂谈荟·龙生九子》中引李东阳《怀麓堂集》："龙生九子不成龙，各有所好。囚牛，平生好音乐，今胡琴头上刻是其遗像。睚眦，平生好杀，金刀柄上龙吞口是其遗像。嘲风，平生好险，今殿角走兽是其遗像。蒲牢，生平好鸣，今钟上兽钮是其遗像。狻猊，平生好坐，今佛座狮子是其遗像。霸下，平生好负重，今碑座兽是其遗像。狴犴，平生好讼，今狱门上狮子是其遗像。赑屃，平生好文，今碑两旁文龙是其遗像。螭吻，平生好吞，今殿脊兽是其遗像。"

"龙生九子"，名目繁多，没有统一的说法。明代的学人笔记多有记载，有的重读音，有的重生平，有的重传奇，有的重传承。明代学者杨慎《升庵集》、李诩《戒庵老人漫笔》、谢肇淛《五杂俎》、沈德符《万历野获编》以及陆容《菽园杂记》也都谈到过"龙生九子"的情况，见仁见智，令后人眼花缭乱。如，李东阳《怀麓堂集》中所记"龙九子"与杨慎《升庵集》就有三处不一样。李东阳在把"囚牛""嘲风""赑屃"列为龙子同时，却未提及"蚣蝮""椒图"和"饕餮"。"饕餮"就是那个老也吃不饱的饿死鬼，"椒图"是大门门环上的图像，但"霸下"与"赑屃"又似乎是一回事。所以那个驮墓碑像乌龟的赑屃，在李东阳眼里又变成龙纹，而碑座兽竟是"霸下"了。还有，那"嘲风"和"螭吻"都在房顶上，怎么就没打闹起来？

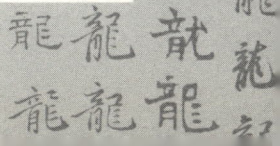

到了清代，著名学者高士奇在《天禄识余·龙种》又有一个流传较广的版本："俗传龙子九种，各有所好，一曰赑屃，形似龟，好负重，今石碑下龟趺是也；二曰螭吻，形似兽，性好望，今屋上兽头是也；三曰蒲牢，形似龙而小，性好叫吼，今钟上级星也；四曰狴犴，似虎有威力，故立于狱门；五曰饕餮好饮食，故立于鼎盖；六曰蚣蝮，性好水，故立于桥柱；七曰睚眦，性好杀，故立于刀环；八曰金猊，形似狮，似好烟火，故立于香炉；九曰椒图，形似螺蚌，性好闭，故立于门铺。"

不管怎么说，龙子们还是有些凡人相，各有所好，各有性情，各有缺点，各有所司，比他们的老爸更像人，更有人间烟火气。

龙之九子版本不一，再看一个版本：

囚牛　在龙生的九子中排行老大，平生爱好音乐，是众多龙子中性情最温顺的，它不嗜杀，不逞狠，专好音律。传说，龙头蛇身的囚牛耳音奇好，能辨万物声音，它常常蹲在琴头上欣赏弹拨弦拉的音乐，因此琴头上便刻上它。这个装饰现在一直沿用下来，一些贵重的胡琴头部至今仍刻有龙头的形象，称其为"龙头胡琴"。这位富有音乐天赋的龙子，不仅出现在汉族的胡琴上，在彝族的龙头月琴、白族的三弦琴以及藏族、蒙古族的一些琴上，也都有刻着囚牛扬头张口的形象。

囚牛

睚眦　排行老二，传说生得豺首龙身，平生性格刚烈，好斗喜杀，是龙子的战神。睚眦发怒时瞪起的凶恶眼神，也被古人用来描述"怒目而视"。《史记》司马迁对"范雎报仇"一段的评价，便是

睚眦

"一饭之德必偿，睚眦之怨必报"，于是，诞生了"睚眦必报"这个成语。睚眦好杀戮，所以古人常把它刻在刀剑刃身与手柄接合的吞口处，更增添了慑人的力量。它不仅装饰在沙场名将的兵器上，更大量地用在仪仗和宫殿守卫者的武器上，从而更显得威严庄重。因为帝王们都相信睚眦能克煞一切邪恶。

嘲风 形似兽，排行老三。平生好险又好望，殿台角上的走兽就是它。这些走兽排列着单行队，挺立在垂脊的前端，走兽的领头是一位骑禽的"仙人"，后面依次为：龙、凤、狮子、天马、海马、狻猊、狎鱼、獬豸、斗牛和行什。嘲风便是第二位。它们的安放

嘲风

有严格的等级制度，只有北京故宫的太和殿才能十样俱全，这 10 只神兽，取意"十全十美"，次要的殿堂则要相应减少。嘲风，不仅象征着吉祥、美观和威严，而且还具有威慑妖魔、清除灾祸的含义。嘲风的安置，使整个宫殿的造型既规格严整又富于变化，达到庄重与生动的和谐，宏伟与精巧的统一，它使高耸的殿堂平添一层神秘的气氛。

蒲牢 形似盘曲的龙，排行第四。平生好鸣好吼，洪钟上的龙形兽钮就是它。原来蒲牢居住在海边，虽为龙子，却一向害怕庞然大物的鲸。当鲸一发起攻击，它就吓得大声吼叫，妄以借此赶走鲸。人们根据其"性好鸣"的特点，"凡钟欲令声大音"，即把蒲牢铸为钟钮，而把敲钟的木杵做成鲸鱼形状。敲钟时，让鲸鱼一下又一下撞击蒲牢，使之"响入云霄"且"专声独远"。如今，在中国大地上的几乎每一口古钟上，都有蒲牢的身影。

蒲牢

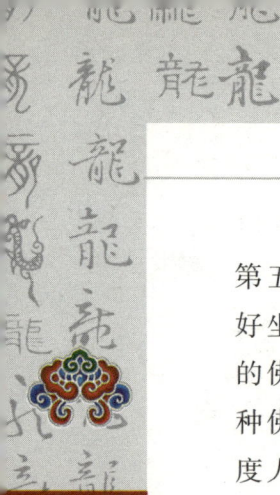

　　狻猊　又名金猊、灵猊，形似狮子，排行第五。虽然相貌凶悍，但平生喜静不喜动，好坐，又喜欢烟火，因此跏趺左或交脚而坐的佛以及香炉上的脚部装饰就是它。相传这种佛座上装饰的狻猊是随着佛教在汉代由印度人传入中国的，至南北朝时期，我国在佛教艺术表现上已普遍使用之，这种造型经过我国民间艺人的创造，使其具有了中国的传

狻猊

统气派。明清之际的石狮或铜狮颈下项圈中间的龙形装饰物也是狻猊的形象，它使守卫大门的中国传统门狮更为峥嵘威武。狻猊也作为文殊菩萨的坐骑。如今，在文殊菩萨的道场五台山，还留着古人供奉狻猊的庙宇，因狻猊排行第五，这座庙又名"五爷庙"。

　　霸下　又名赑屃，形似龟，排行老六。平生好负重，力大无穷，碑座下的龟趺是它。第一种传说霸下上古时代常驮着三山五岳，在江河湖海里兴风作浪。后来大禹治水时收服了它，它服从大禹的指挥，推山挖沟，疏通河道，为治水作出了贡献。洪水被制服了，大禹担心霸下又到处撒野，便搬来顶天立地的特大石碑，上面刻上霸下治水的功绩，叫霸下驮着，沉重的石碑压得它不能随便行走。霸下和龟十分相似，但细看却有差异，霸下有

霸下

一排牙齿，而龟类却没有。霸下和龟类在背甲上甲片的数目和形状也有差异。但霸下和龟类都是长寿和吉祥的象征。它总是吃力地向前昂着头，四只足拼命地撑着，挣扎着向前走，但总是移不开步。我国一些显赫石碑的基座

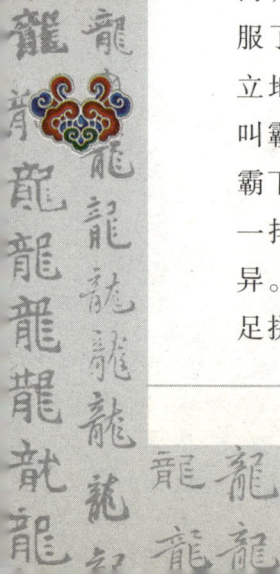

都由霸下驮着，在碑林和一些古迹胜地中都可以看到。

第二种传说，龙子们曾下凡助朱元璋打下大明江山，可当它们要回天庭复命时，朱元璋的四子朱棣，也就是后来的明成祖不想放它们走，便对霸下说："你若能驮动太祖皇帝的功德碑，我便让你回去。"霸下不知是计便答应下来，哪知驮上后再动弹不得——因为功德是无量的，霸下从此被压在功德碑之下。

狴犴　又名宪章，形似虎，排行老七。它平生好讼，却又有威力，狱门上部那虎头形的装饰便是它。传说狴犴不仅急公好义、仗义执言，而且能明辨是非，秉公而断，再加上它的形象威风凛凛，因此除装饰在狱门上外，还匍匐在官衙的大堂两侧，对作奸犯科之人极有震慑力。每当衙门长官坐堂，行政长官衔牌和肃静回避牌的上端，便有它的形象。它虎视眈眈，环视察看，维护公堂的肃穆正气。古时牢狱的大门上，都刻有狴犴头像，因此监狱也被民间俗称为"虎头牢"。

狴犴

赑屃　身似龙，头似狮，排行老八。平生好文，是龙子中另一位好风雅的——专爱书法。石碑两旁的龙纹是它。我国碑碣的历史久远，内容丰富，它们有的造型古朴，碑体细滑、明亮，光可鉴人；有的刻制精致，字字有姿，笔笔生动；也有的是名家诗文石刻，脍炙人口，千古称绝。而赑屃十分爱好这种闪耀着艺术光彩的碑文，它甘愿化作图案龙纹去衬托这些传世的文学珍品，

赑屃

把碑座装饰得更为典雅秀美。它们互相盘绕着，看去似在慢慢蠕动，和底座的霸下相配在一起，更觉壮观。

螭吻　又名鸱尾，排行老九。传说中它生得龙首鱼身，其形态最早出现在汉武帝修建的柏梁殿上。当时，有大臣建议：大海中有一种鱼，尾部好像鸱（也就是猫头鹰），它能喷浪降雨，不妨将其形象塑于殿上，以保佑大殿免生火灾。武帝应允。等到大殿建成之时，群臣争相询问殿脊之上为何物，汉武帝不知如何作答，便以它长得像鸱的尾巴遂起名"鸱尾"，后来渐渐演化成了谐音的"螭吻"。又相传，大约在南北朝时，由印度"摩竭鱼"随佛教传入。它是佛经中雨神座下之物，能够灭火。故此，螭吻由此变化衍生而来，所以它多安在屋脊两头，作消灾灭火的功效。龙形的吞脊兽，是老九，口阔噪粗，平生好吞，殿脊两端的卷尾龙头是其遗像。《太平御览》有如下记述：唐会要目，汉相梁殿灾后，越巫言，"海中有鱼虬，尾似鸱，激浪即降雨"遂作其像于尾，以厌火祥。文中所说的"巫"是方士之流，"鱼虬"则是螭吻的前身。螭吻属水性，用它作镇邪之物以避火。

螭吻

还有一个版本也较常见，简析如下：

赑屃　也称龟趺。形状像乌龟，好负重。长年累月地驮载着石碑。人们在庙院祠堂里，处处可以见到这位任劳任怨的大力士。据说触摸它能给人带来福气。

螭吻　也叫鸱吻、鸱尾、好望。形状像四脚蛇剪去了尾巴，这位龙子好在险要处东张西望，也喜欢吞火。相传汉武帝建柏梁殿时，有人上疏：大海中有一种鱼，虬尾似鸱鸟（也就是鹞鹰）能喷浪降雨，可以用来祛避火灾，于是便塑其形象在殿角、殿脊、屋顶之上。

蒲牢　形状像龙，但比龙小，好鸣叫。据说蒲牢生活在海边，平时最怕的是鲸鱼。每每遇到鲸鱼袭击时，蒲牢就大叫不止。于是，人们就将其形象置于钟上，并将撞钟的长木雕成鲸鱼状，以其撞钟，求其声大而亮。

狴犴　又叫宪章。相貌像虎，有威力，又好狱讼之事，人们便将其刻铸在监狱门上。虎是威猛之兽，可见狴犴的用处在于增强监狱的威严，让罪犯望而生畏。

饕餮　形似狼，好饮食。钟鼎彝器上多雕刻其头部形状作为装饰。由于饕餮是传说中特别贪食的恶兽，人们便将贪于饮食甚至贪婪财物的人称为饕餮之徒。饕餮还作为一种图案化的兽面纹饰出现在商周的青铜器上，称做"饕餮纹"。

螭吻

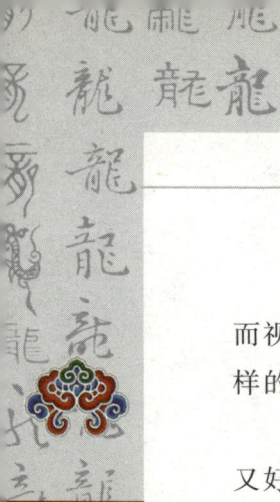

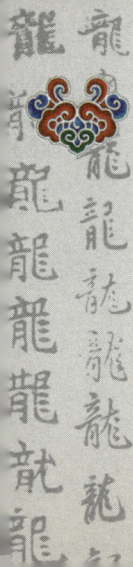

蚣蝮　位于桥边，最喜欢水，常饰于石桥栏杆顶端，造型非常优美。

睚眦　相貌似豺，好腥杀。常被雕饰在刀柄剑鞘上。睚眦的本意是怒目而视，所谓"一饭之德必偿，睚眦之怨必报"。报则不免腥杀，所以，像豺一样的龙子出现在刀柄、刀鞘上。

金猊　又称狻猊，灵猊。狻猊本是狮子的别名，所以形状像狮，好烟火，又好坐。庙中佛座及香炉上能见其风采。狮子这种连虎豹都敢吃，相貌又很轩昂的动物，是随着佛教传入中国的。由于佛祖释迦牟尼有"无畏的狮子"之喻，人们便顺理成章地将其安排成佛的坐席，或者雕在香炉上让其款款地享用香火。

椒图　形似螺蚌，好闭口，因而人们常将其形象雕在大门的铺首上，或刻画在门板上。螺蚌遇到外物侵犯，总是将壳口紧合。人们将其用于门上，大概就是取其可以紧闭之意，以求安全吧！

有的说法还把麒麟、朝天吼（犼）、貔貅也列入龙子。其实，中国传统文化中向来以九来表示至高无上的地位，九是个虚数，也是贵数，用来描述龙子，只是说明龙子之多，实际上并不局限于九子。

麒麟　似鹿而大，牛尾马蹄，有肉角一，背毛五彩，腹毛黄。传说不履生草，不食生物，唯有"圣人出，王道行"方见此物。又说麒麟不畏火焰，被民间用做避火神兽，放在重要的建筑门前。

朝天吼　俗称望天吼，有守望的习惯。华表柱顶上的蹲龙对天咆哮，被视为上传天意、下达民情。又有文献记载：观音菩萨的坐骑为嘲天吼。

貔貅　龙头、马身、麟脚，形状像狮子，毛色灰白，会飞，能腾云驾雾，号令雷霆，降雨开晴。因此，相传有辟邪挡煞、镇宅之威力。关于貔貅，好多学者不以其为龙子，而在我国南方及东南亚一带称其为龙的第九子，说其貌似金蟾、披鳞，甲形如麒麟，大嘴无肚，只进不出，性喜食四方财，所以被认为是聚财囊、催官运的祥兽。

◎ 中国的龙与西方的龙

"龙"是中华民族的图腾，是中华文化的代表，是吉祥、如意、和谐、长久的美好象征。全世界的华人都把自己称为"龙的传人"。龙作为我国独特的文化现象之一，出现在社会生活的各个领域。外国的"龙"外形更趋近于蜥蜴，多代表邪恶，与中国"龙"的寓意不一样。

"龙"虽然在英文中一般翻译为"dragon"，但西方文化中的 dragon 与中国传统的龙除了形象有一些相似外，背景和象征意义却差别甚大。

Dragon 在基督教中被视为恶魔的象征，带有恶毒、凶狠的意味，与东方的瑞兽龙完全不一样。

Dragon 在形象上与中国龙有几分相似，它拥有强壮的身躯，又长又粗的颈，有角或褶边的头，尖锐的牙齿和一条长长的尾。它用四只强而有力的脚行走，用一对像蝙蝠翼的巨翼飞行，它全身覆盖着鳞片，保护着身体。

Dragon 多居于山洞，喜好财宝，通常洞中都会收藏大量的财宝。遇险它会做喷吐以攻击。红龙会喷火，蓝龙会喷电。

　　Dragon 拥有强烈的领土观念，大多都是单独行动，且常年沉睡。

　　当初将中国的"龙"翻译为 dragon 的人，就像是给圣人与恶魔取相同的名字，但其实两者并无关联。一个对中华文化不了解的西方人，看到中国人崇拜龙的行为，可能会产生中国人崇尚邪物的负面印象。为了避免这种混淆，有学者提出把"龙"的英文翻译改为发音与汉语接近的"long"，但目前尚未得到广泛认可。

日本舞龙场面

三、生肖"龙"

◎ 生肖龙的来历

十二生肖源于何时，今已难以细考。长期以来，不少人将《论衡》视为最早记载十二生肖的文献。《论衡》是东汉唯物主义思想家王充的名著。《论衡·物势》载："寅，木也，其禽，虎也。戌，土也，其禽，犬也。午，马也。子，鼠刀。酉，鸡也。卯，兔也。亥，豕也。未，羊也。丑，牛也。巳，蛇也。申，猴也。"以上引文，只有十一种生肖，所缺者为龙。该书《言毒篇》又说："辰为龙，巳为蛇，辰、巳之位在东南。"这样，十二生肖便齐全了，十二地支与十二生肖的配属如此完整，且与现今相同。

子鼠丑牛，寅虎卯兔，辰龙巳蛇，戌马未羊，申猴酉鸡，戌狗亥猪。天下动物很多，古人为何选择这十二种动物为属相？清代刘献《广阳杂记》引李长卿《松霞馆赘言》："子何以属鼠也？曰：天开于子，不耗则其气不开。鼠，耗虫也。于是夜尚未央，正鼠得令之候，故子属鼠。地辟于丑，而牛则开地之物也，故丑属牛。人生于寅，有生则有杀。杀人者，虎也，又寅者，畏也。可畏莫若虎，故寅属虎。犯者，日出之候。日本离体，而中含

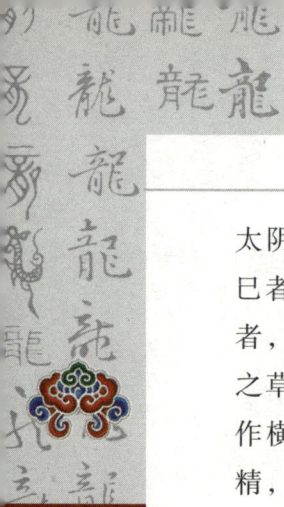

太阴玉兔之精，故犯属兔。辰者，三月之卦，正群龙行雨之时，故辰属龙。巳者，四月之卦，于时草茂，而蛇得其所。又，巳时蛇不上道，故属蛇。午者，阳极而一阴甫生；马者，至健而不离地，阴类也，故午属马。羊啮未时之草而苗，故未属羊。申时，日落而猿啼，且伸臂也，譬之气数，将乱则狂作横行，故申属猴。本者，月出之时，月本坎体，而中含水量太阳金鸡之精，故本属鸡。于核中，猪则饮食之外无一所知，故亥属猪。"

还有一种说法，十二生肖的选用与排列，是根据动物每天的活动时间确定的。我国至迟从汉代开始，便采用十二地支记录一天的十二个时辰，每个时辰相当于两个小时，夜晚十一时到凌晨一时是子时，此时老鼠最为活跃。凌晨一时到三时，是丑时，牛正在反刍。三时到五时，是寅时，此时老虎到处游荡觅食，最为凶猛。五时到七时，为卯时，这时太阳尚未升起，月亮还挂在天上，此时玉兔捣药正忙。上午七时到九时，为辰时，这正是神龙行雨的好时光。九时到十一时，为巳时，蛇开始活跃起来。上午十一时到下午一时，阳气正盛，为午时，正是天马行空的时候。下午一时到三时，是未时，羊在这时吃草，会长得更壮。下午三时到五时，为申时，这时猴子活跃起来。五时到七时，为酉时，夜幕降临，鸡开始归窝。晚上七时到九时，为戌时，狗开始守夜。晚上九时到十一时，为亥时，此时万籁俱寂，猪正在鼾睡。

辰，排在十二地支的第五位，方位是东南东方，如以一天的时间来看，是指早晨七点到九点，正是太阳柔光四射、光辉渐增的时间；若以四季来分，是三月，春暖花开的时期，以"龙"代表"辰"，预示万物生机无限。

十二地支中十二生肖代表的动物，唯有龙是虚构的动物。在中国人的传统观念中，"六畜兴旺"代表家族人丁兴旺、吉祥美好。因此，"马、牛、羊、猪、狗、鸡"这六畜成为生肖是有其必然性的。而"虎、兔、猴、鼠、蛇"无论是令人敬畏、喜爱，还是厌恶、忌讳，都是与人类日常生活有着密

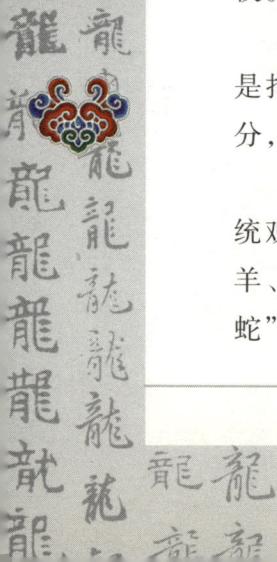

切关系的野生动物。

龙是中国人所创，也成了中国传统文化的一部分。虽是时代变迁，至今龙迹仍常见于中国人的衣、食、住、行、思中。自古中国人就把龙、凤凰、麒麟、乌龟称为"四灵"，认为是最吉祥的动物之一。因此，国人常把美好的愿望寄托于神龙，以祈求平安吉祥。

龙集千万娇宠于一身，形有九似，背有八十一片鳞，不食人间烟火，既能凌云升空，又能游弋江海，呼风唤雨，变幻莫测。在中国，九是个极数，九九八十一，象征无垠无涯，无有所终。

◎属龙人的性格

龙年出生的人，因有神龙般神秘变幻莫测的特质，所以个性令人难以捉摸。属于富有野心的梦幻家。喜欢冒险、追求浪漫的生活，同时性情淡泊、不拘泥于世俗之见，自然而然给人一种大人物的风范。

龙年出生的人心似汪洋变幻莫测，平日看来很懒散，整天坐着看电视，自己也不觉得有什么不妥当。可他一旦站起身来行动时，却比一般人更积极，更具有雄心壮志。龙年出生的人具有很大魅力，能在演艺界、运动界、宗教界崭露他的才华。例如国际著名的性感明星玛丽莲·梦露和著名的哲学家、思想家尼采，都是龙年出生的人。

龙年出生的人具有梦想家的倾向，所以当他为自己的梦想奋斗时，十分热烈，可是一旦遭受挫折，这种热度立刻减退，灰心丧志，不肯再继续做下

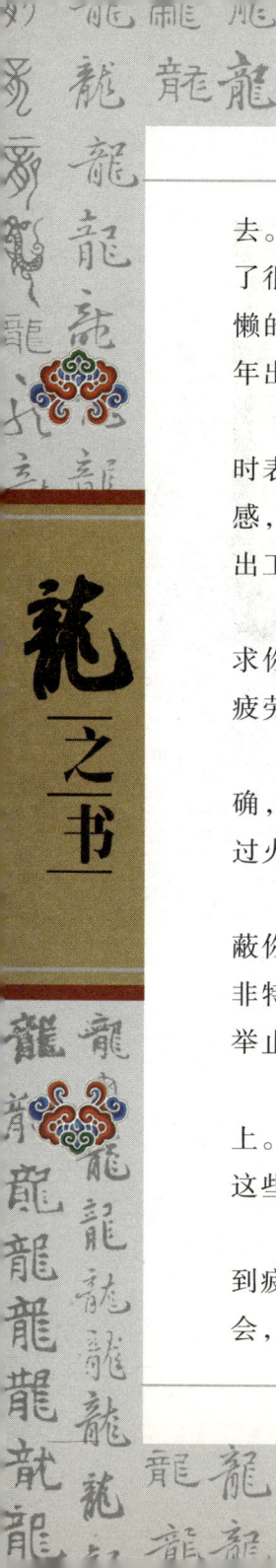

去。依据统计，一旦受挫便不再努力，立刻消失无踪的人群中，龙年生人占了很大的比例。正因为龙年出生的人具有这种瞬间热衷事业，瞬间又心灰意懒的极端个性，所以龙年出生的人不适合担任长期固定的办公室的工作，龙年出生的人应该尝试能发挥个性、较自由的工作。

龙年出生的男性愿为事业而奋斗，女性也十分顽强。龙年出生的女性有时表现出超过一般女性工作能力的女强人姿态，这种表现常导致男性的畏惧感，而延误了她的婚期。不过就一位现代女性来说，龙年出生的女性是能外出工作、帮助家计、典型的成功女性。

龙年出生的人天生具有权威感，即使你无法忍受他们，属龙的人仍会要求你对他们集中注意。一旦他将你归入注意的范围之中，你就无法逃脱他的疲劳轰炸，属龙的人的热心十分具有感染力。

任何事都无法吓退这条龙。属龙的人对关心自己前途的事懂得最多最正确，他们通常有着令人惊异的目标使命。属龙的人总是毫无惧色地登冰山、过火海，最后以胜利者的姿态出现在众人面前。

属龙的人令人无法抗拒。他们有的不是普通的魅力。他们的魔力足以遮蔽你的心，除去你的防卫意识。属龙的女士有着极强的吸引力，即使她们并非特别美丽，当她们出现时，仍会吸引所有人的注意，焦点在于她们的言谈举止。

这种出众的风采不仅对属龙者的感情有利，他们也将这种魔力用在事业上。属龙的人并不贪求权力或击溃他人以获得地位，他们生来就已经拥有了这些。

所有属龙的人都散发着健康的气息与无穷的精力，他们似乎永远不会感到疲惫。他们可以从工作中脱身，去参加会议，再回到工作中，接着出席宴会，回到家后招呼小孩就寝，然后又外出参加另一聚会，最后终于回到家中

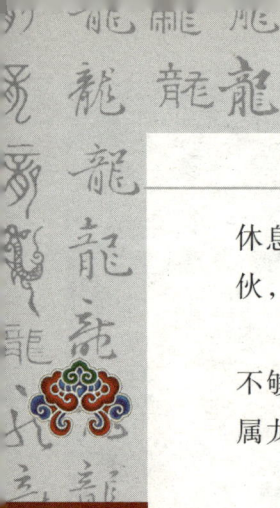

休息。听听音乐，与配偶聊聊天。下次你遇到那些精力旺盛、忙碌不堪的家伙，问他们的属相是什么时，他们很可能告诉你："我属龙！"

如果有位属龙的人在你的生活中占有重要地位，而你觉得他对你的需要不够在意时，你不妨采用这项建议——哭！这种手段绝对有效，眼泪会软化属龙人的硬心肠，他们全都是多愁善感的人。

属龙者还比较固执，但对事情十分专注，尤其是事业方面，只要做出抉择，属龙人便会一心一意，勇往直前，这种不屈不挠的上进心往往为他们带来成就。

龙是理想主义者，事事都要十全十美，因此无论对自己或别人都十分严格，甚至达到挑剔的程度，而且脾气又比较暴躁，常给人一种暴君的印象。

属龙的人资质很高。不论文科、理科、商科或者宗教，他们都比其他人更快掌握其中的诀窍。

龙年出生的人，具有很强的运势。一开始就如同朝阳照耀，但过了三十五岁之后，运势就会稍为停滞。这种停顿并没有太大的妨碍，反而是养精蓄锐的好机会。只要难突破这段瓶颈时期，自会有更强的气势往前发展，走向成功。如果在这段停滞期，感到受挫，妄自菲薄，丧失了再奋斗的勇气，那就成了"龙头蛇尾"，将一事无成。

在感情方面，因龙年出生的人对感情相当脆弱，所以纵有很美好的恋情，也要以旁观者的眼光，冷静地观察对方是不是可以托付终生的人，以免将来生变，禁不起打击。龙年出生的男女，都有晚婚的倾向。

龙年出生的人的职业适应性从年轻时起便比别人活跃，逐渐崛起而在该领域博得声望。过了三十岁，如果能超越的话，直到晚年，可望一帆风顺，一气呵成地迈向成功。

另外，属龙的人在行事之前缺乏深思熟虑，企图一步登天。自己的信念

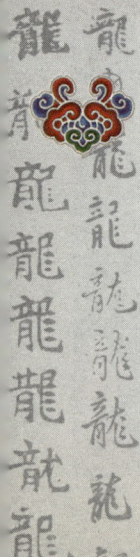

太强，不留意别人的意见，属龙的人还是一个梦想家，上了年纪仍追逐梦想，大言不惭，不甚照顾家庭等，所谓天真无邪的孩子气，无论岁数多大仍无法摆脱此一缺点。因此，更应该致力于培养成熟的人格，才不至于白白浪费了与生俱来的强运。

◎ 属龙的名人

帝王将相

古代相术认为，属龙的人气宇轩昂，有王者之相，大富大贵之命。中国几千年的历史长河中，确有不少帝王将相出生在龙年。当然，这些帝王将相名垂青史的不少，遗臭万年的也不乏其人，这与龙有善、恶之分倒也不谋而合。不过话说回来，做有成就的好人固然不易，做大奸大恶之人更需要超凡的胆识和勇气。

班超（32 年—102 年）　班超出生的那一年是农历壬辰龙年。班超是东汉著名的军事家和外交家。其父为著名史学家班彪，其兄班固、妹妹班昭都是著名的史学家。班超，字仲升，为人有大志，不修细节,但内心孝敬恭谨，审察事理。他曾出使西域，为平定西域，促进民族融合，作出了巨大贡献。"投笔从戎" "不入虎穴，焉得虎子"的典故皆出于班超（《后汉书·班超列传》）。

汉明帝永平五年（62 年），班超的哥哥班固被召入京任校书郎，班超和其母随之迁居至洛阳。因家境贫寒，班超靠替官府抄写文书维持生计。班超每日伏案挥毫，常辍业投笔而叹息说："大丈夫无它志略，犹当效傅介子、张骞立功异域，以取封侯，安能久事笔研间乎？"旁人都嘲笑他，班超却说：

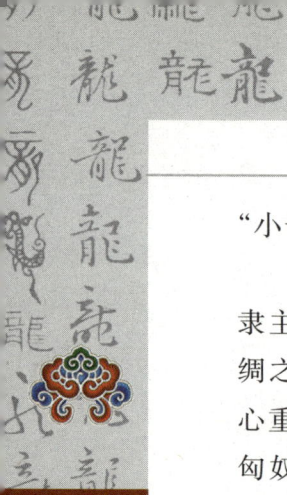

"小子安知壮士志哉?!"

　　经过西汉末年的战乱，西域重新陷入匈奴奴隶主贵族的统治，与中原音信隔绝，著名的"丝绸之路"也受阻中断。公元 73 年，东汉政府决心重新打通西域，派窦固带领军队分道出塞进攻匈奴。初出茅庐的班超在这次战役中崭露头角，他以代司马的职务，率偏师千余人侧击伊吾卢，策应主力，在巴里坤湖大败匈奴军队，为战役全面胜利奠定了基础，受到大将军窦固的赏识，派他和从事郭恂一起出使西域。

班超

　　经过短暂而认真的准备之后，班超就和郭恂率领 36 名部下向西域进发。班超先到鄯善（今新疆罗布泊西南）。鄯善王对班超等人先是嘘寒问暖，礼敬备致，后突然改变态度，变得疏懈冷淡。班超凭着自己的敏感，估计必有原因。他对部下说："宁觉广礼意薄乎？此必有北虏使来，狐疑未知所从故也。明者睹未萌，况已着邪。"于是，班超便把接待他们的鄯善侍者找来，出其不意地问他："匈奴使来数日，今安在乎？"侍者出乎意料，仓促间难以置辞，只好把情况照实说了。班超把侍者关押起来，以防泄露消息。接着，立即召集部下 36 人，饮酒高会。班超说："不入虎穴，不得虎子。当今之计，独有因夜以火攻虏，使彼不知我多少，必大震怖，可殄尽也。灭此虏，则鄯善破胆，功成事立矣。"

　　这天天刚黑，班超便率领将士直奔匈奴使者驻地。时天刮大风，班超命令 10 个人拿着鼓藏在敌人驻地之后，约好一见火起，就猛敲战鼓，大声呐喊。并命令其他人拿着刀枪弓弩埋伏在门两边。安排已毕，班超顺风纵火，一时，36 人前后鼓噪，声势喧天。匈奴人乱作一团，逃遁无门。班超亲手搏杀了 3 个

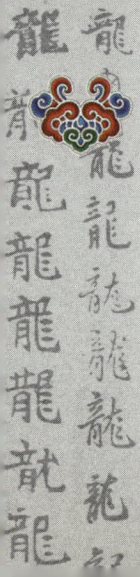

匈奴人，他的部下也杀死了30多人，其余的匈奴人都葬身火海。

第二天，班超把匈奴使者的首级拿给鄯善王看，鄯善王大惊失色，举国震恐。班超好言抚慰，晓之以理，鄯善王表示愿意归附汉朝，并且同意把王子送到汉朝做质子。

之后，班超继续向西到达于阗，杀死了匈奴派在那里的"监护使"，争取了于阗王；第二年又消灭了匈奴在疏勒的傀儡政权，重立疏勒人拥护的新王，打通了丝绸之路。

公元75年，班超完成使命接到回京的命令，准备回京，西域各族人绵延几百里挽留他，有的还抱着他坐的马足不让走。班超不忍忤了民意，伤了民情，只好向朝廷修书说明情况，留了下来，这一留就是30年。30年间，班超在危机四伏的环境下，只有一支千余人的"老兵"队伍，但始终能够控制西域的局势，表现了他优秀的军事才能和杰出的政治才能。公元102年，年过古稀的班超回到了阔别多年的京城洛阳，不久即因病去世。

马超（176年—222年） 三国时期蜀汉名将，字孟起，东汉伏波将军马援之后，其父马腾为东汉末年征西将军，后任卫尉，马超即领腾部，称"征西将军"。

马超相貌堂堂且武艺高强。小说《三国演义》中描述的马超"面如傅粉，唇若抹朱，腰细膀宽，声雄力猛，加上装束，狮盔兽带，面如冠玉，眼若流星，虎体猿臂，彪腹狼腰"。刘备见了不禁赞叹："人言'锦马超'，名不虚传！"

211年，马超与韩遂、成宜、李堪等十部在关中起兵反对曹操，与操激战潼关，在黄河与渭水之间曾多次击败曹操，曹操曾说："马儿不死，吾无葬地也。"在曹魏将领中，仅许褚可与之匹敌，故有"三国英雄数马超"之说。后来，曹操采用贾诩之谋，离间韩、马，迫使马超退守陇西一带。214

年，败于扬阜，奔汉中依张鲁，转事刘备。刘备围成都数十日不得下，马超兵到"城中震怖，璋即稽首"。219年，刘备夺取汉中，马超等上表立刘备为汉中王，刘备封马超为"五虎上将"之一，位与关、张并列。221年，刘备称帝，迁马超为骠骑将军（三品），领凉州牧，镇守阳平关（今勉县老城），222年病卒于任上，就地安葬，时年46岁。后诸葛亮北伐，往扫超墓，如此评价马超："兼资文武，雄烈过人，一世之杰。"

司马炎（236年—290年） 司马昭长子，字安世，晋朝的开国君主，265年—290年在位。司马昭原本有意让幼子司马攸继承王位，但在众臣的反对之下，司马炎于265年5月被封为晋王太子。同年8月，司马昭因中风猝死，享年55岁。司马炎继承昭的相国、晋王。12月，司马炎逼迫魏元帝曹奂禅让，即位为帝，国号晋。太康元年（280年），晋武帝终灭东吴，结束了分裂近百年的三国时代，成为继秦皇、汉祖、光武帝之后第四位统一全国的皇帝。

全国统一后，西晋政治上趋于安定。西晋初年，晋武帝把解决土地问题作为发展经济的重要内容之一。太康元年，颁行户调式，包括占田制、户调制和品官占田荫客制。尽管晋武帝的户调式遭到了豪门世族的抵制，但这一制度从一定程度上，用行政的手段将大量的流动、闲散人口安置到土地上从事生产，这对于稳定社会秩序，促进社会经济的恢复与发展，起到了积极的作用。晋武帝很注意开垦荒地，兴修水利。又招募原吴、蜀地区人民北来，充实北方，并废屯田制，使屯田民成为州郡编户。由于晋武帝采取了这样一系列有力的经济措施，使农业生产逐年上升，国家赋税收入逐年充裕，人口逐年增加，仅平吴之后不到三年时间，全国人口就增加了130多万户。太康年间出现一片繁荣景象，史称"太康之治"。

太康年间，天下太平，人民安居乐业，经济生活有了好转。与此同时，晋武帝还大力发展文化事业。当时，盛行着一种被后人称颂的"太康文学"，其代表人物有一左（左思）、二陆（陆机、陆云兄弟）、二潘（潘岳、潘尼叔侄）、三张（张载、张协、张亢兄弟）。

相传，出身寒门的左思用了一年时间写出了《齐都赋》，受到人们的好评。272年，他决心写《三都赋》。"三都"，即邺、成都、建业，分别是三国鼎立时魏、蜀、吴的都城。他感到自己资料缺乏，便向朝廷提出，要求当一名管理图书和著作事务的秘书郎。晋武帝随即同意了，并告诉他，凡是朝廷里收藏的有关这三个都城的图籍和资料，他都可以随心所欲地阅读和查证。在晋武帝的关照下，左思用了十几年时间，终于在282年写出了《三都赋》。洛阳的人们纷纷购买纸张传抄，使纸张奇缺，纸价飞涨，"洛阳纸贵"一说从此便流传开去。

晋武帝司马炎

李辅国（704 年—762 年） 本名静忠，曾赐名护国，后改辅国，唐肃宗时当权宦官。李辅国相貌奇丑无比，40 岁之前无所作为。40 余岁时始掌闲厩（主管宫廷的马匹簿籍），后入东宫侍太子李亨。安史之乱时，潼关失守，唐玄宗奔蜀，静忠从太子至马嵬驿(今陕西兴平西)，参加随从将士杀杨国忠的兵谏，又建议太子分玄宗麾下兵北至朔方，以谋恢复。太子至灵武（今宁夏灵武西南）即位，是为肃宗。静忠因功擢太子家令、判元帅府行军司马，掌

李辅国

握兵权，改名辅国。李辅国后随肃宗回到长安，封郕国公。当时宰相和百官除常日朝见外，奏事必须经由辅国才能面见皇帝。李辅国还设置了"察事厅子"数十人，侦察官员活动，官吏有小过，无不伺知，即加传讯。京兆府、县地方官和法司审判案件，皆由他决定。颁发诏书亦由他签署后施行，属臣无敢非议。

宝应元年（762 年），玄宗忧郁而死，肃宗也病危。张皇后密谋杀太子李豫而立越王李系。李辅国与另一宦官程元振同谋，拥立太子李豫，杀张后、越王李系。唐代宗继位后，因念其拥立之功，册封李辅国为司空兼中书令，李辅国终于实现了他的宰相梦。李辅国气焰更加嚣张，他曾对代宗皇帝说"大家但内里坐，外事听老奴处置。"实际上是让代宗把军国大事都托付于他。这一举动自然引起了代宗的不满，但由于李辅国掌握军权，代宗只得忍气吞声。

就在这一年，程元振掌握了部分禁军，准备除掉李辅国，唐代宗也陆续罢免了李辅国的职务，最终把他逐出了朝廷。不久，李辅国就被人刺杀身亡。

宦官宰相李辅国发动"清露之变"，大肆干预朝政，在他死后，唐朝仍然

动荡在宦官专权的局面中。大凡乱国枭雄，都有一套超乎常人的厚黑心术，李辅国是此中圣手。阿谀逢迎、溜须拍马，他不学就会。翻云覆雨、落井下石，他无所不能。谋害同类、残杀异己，他从不手软。从亲王、宰相到皇后、皇帝，有用时可成为手中权杖，无用了则手起刀落，痛杀干净。李辅国一生忙碌，谋权固位，巧取豪夺，拥城国之富，最后落了个身首异处，尸弃荒野。

赵恒（968 年—1022 年）　　赵恒是宋太宗第三子，登基前曾被封为韩王、襄王和寿王。淳化五年（994 年）被立为太子。至道三年（997 年）继位。宋真宗为守成之主，在位 25 年。真宗朝前期北宋始终处于契丹的军事威胁之下，一直到真宗景德元年（1004 年）宋辽订立"澶渊之盟"，北宋才获得相对安定平静的社会环境。自此，北宋悠闲地走在封建主义的小康大道上，经济复苏，国力猛增，制度清明，人文鼎盛，人口数量亦成倍增长，史称"咸平之治"。

　　1004 年，辽国入侵北宋，宰相寇准极力主张抵抗，并说服宋真宗御驾亲征，双方在澶渊相交，宋胜。真宗决定就此罢兵，以每年向辽纳白银 10 万两、绢 20 万匹来收买与辽的和平，定"澶渊之盟"，这是宋朝向番方纳岁币换取和平的开始。关于"澶渊之盟"，历来颇多非议，否定者认为这是胜算下的城下之盟。殊不知，"澶渊之盟"后，契丹铁骑不再南下，北宋的国家财政收入逐年增加，在宋真宗病逝前一年（1021 年），其总额已达 15000 万两白银，数倍于前朝李唐，所谓"和谐就是生产力"。

宋真宗赵恒

宋真宗统治后期用王钦若、丁谓等奸人为相，伪造"天书"，封禅泰山，提倡佛教、道教、儒教，广建宫观，劳民伤财，政治腐败，社会矛盾趋于尖锐。

　　宋真宗也是位诗人，脍炙人口的"书中自有黄金屋""书中自有颜如玉"就是出自他的名篇《劝学诗》。

　　朱元璋（1328 年—1398 年）　农历戊辰龙年，安徽濠州钟离（今安徽凤阳东北）一朱姓农民家中诞生了一名男婴。当新生命呱呱落地，适逢风雨交加，雷电大作。男孩出生时一道闪电直刺窗内，民间术士以为真龙出世，父母和乡邻都对这个孩子另眼相看，他就是朱元璋。因为生于八月初八，故而幼名朱重八。

　　相传这消息曾传到统治者耳朵里，他们千方百计地想除去"真龙"。一次他们请了一个算命先生，料定某月某日某时"真龙"骑马必经过某地，官府派了百余精锐士兵等了一天，后无精打采地回来了：说一个骑马的人也没见到，只有一个小孩骑着一根五六尺长的竹竿走过。算命先生捶胸顿足道："天意！天意！孩子以竹为马，他就是将来的天子啊，今日良机错过，大元气数尽了。"

　　这里有许多附会、迷信的内容，但朱元璋小时候就已成为孩子王却是事实。他

明太祖朱元璋

14 岁那年已成为一个精悍深沉、英气勃勃的少年了，偏偏这年江淮大旱，颗粒无收，朱家本来就穷，朱元璋父母又染上了瘟疫，双双去世。朱元璋走投无路，便投到附近的皇觉寺里当了一名小沙弥，后来庙里也断了香火，他只得拿着钵盂游方化缘，这才度过了灾年。

1347 年，19 岁的朱元璋回到家乡，家乡已成为元末农民起义军领袖郭子兴的据点。朱元璋蓄发还俗，加入了反元队伍，以自己突出的组织能力和军事才干，很快得到郭子兴的赏识和提拔，郭子兴还把自己的义女马氏嫁给了他。到 1355 年，年仅 27 岁的朱元璋已官至农民政权的左副都元帅，郭子兴和他的长子郭天叙相继病死、战死后，他更成了这支农民军的实际领袖。

在元末并起的群雄中，朱元璋并不算强大，刘福通、张士诚、徐寿辉等农民军无论从人力、物力、财力上都远远超过他，但他善于审时度势，寻找时机，向元势力薄弱的地区发展。儒士朱升向他献上了"高筑墙、广积粮、缓称王"三条帝业妙策，使朱元璋的队伍建立了巩固的根据地，有充裕的时间和精力用于发展生产，缩小、减少了元政府的注意力，取得了壮大队伍的实效。在以后的几年间，尽管他的势力已扩展到足以称王、自成一体的地步，但他仍然打着小明王韩林儿的旗号培植自己的势力，甚至在小明王遭到张士诚围攻时，还亲率大军北上救援，这招一石二鸟，既把小明王控制在自己的掌心，又取得小明王其他部下的支持，他的势力更加庞大了。所以当他平定群雄，逐败元军后，便轻而易举地借口接小明王从滁州来南京议事，中途凿沉坐船，除掉了小明王。这时已没有任何一支力量可以阻挡朱元璋改朝换代的步伐了，1368 年，朱元璋终于登上了皇帝的宝座，成了明王朝的开国皇帝。

朱元璋当皇帝当得并不轻松，他时时怀疑部下对他的忠诚，设立锦衣卫监视群臣，甚至自己还常常微服出访，弄得大臣们人人自危。但在客观上，朱元璋采取的一些措施，如普查户口、丈量土地、均平赋役、兴修水利、推行屯田等，对当时国内经济的恢复、社会的安定还是起了积极的作用。

1398 年，70 岁的朱元璋因病去世，他的一生功过，成为后人反复评说的话题。

魏忠贤（1568 年—1627 年）　原名魏四，进宫后改名李进忠，后又改回原姓魏，皇帝赐名忠贤。明末宦官。北直隶肃宁（今属河北省）人。原为市井无赖，后因赌债所逼遂自阉入宫做太监，在宫中结交太子宫太监王安，得其佑庇。后又结识皇长孙朱由校奶妈客氏，与之对食。对皇长孙，则极尽谄媚事，引诱其宴游，甚得其欢心。

泰昌元年（1620 年），朱由校即位，是为熹宗，年号天启。漂泊半生，53 岁的魏忠贤终于时来运转了，被从内宫监特恩提拔为司

魏忠贤

礼监，管百官闻之色变的特务机构东厂，天启帝还御赐其"忠贤"为名，成了最受皇上恩宠的人。

此后，魏忠贤变得既不忠也不贤，他内结天启乳母客氏，外收东林党的反对派做羽翼，逐步形成一个以他为核心的宗派组织——阉党，对带有进步倾向的东林党人发动进攻，逼迫其首领高攀龙等人罢官或辞职。1624 年，东林党人经过一段时间的准备，向魏忠贤等人反攻，杨涟上疏参魏忠贤 24 条"大奸恶"，百官响应，弹劾魏忠贤的呼声一时甚嚣尘上。阉党迫于形势，表面上作了收敛，暗地里却伺机反扑。第二年机会来了，东林党人辽东结略使

熊廷弼、王仕贞失陷广宁城，魏忠贤当即联名上表，诬熊廷弼曾贿赂杨涟、左光斗以求减罪，大兴冤狱。天启偏信魏忠贤，不仅诏决熊廷弼，还把杨涟、左光斗等杖毙狱中，还按魏之爪牙王绍辉编的《东林点将录》和崔呈秀的《同志录》一一斥逐，并捕杀东林党人。魏忠贤总揽朝内外一切大权，人称"九千岁"，除提督东厂外，于宫中设"内标"万人，武装太监，带甲出入，朝中官吏多投魏门，号称"五虎""五彪""十孩儿""四十孙"，就差没把江山改姓了。更有甚者，各地一些善长吹牛拍马的人为他大建生祠，活着的人享受人间香火，真可谓空前绝后了。

魏忠贤坏事做尽终有时，不过 6 年的光阴，天启皇帝驾崩。失去了这个靠山他便树倒猢狲散，新登基的崇祯皇帝早就看不惯魏忠贤的专横跋扈，按祖制差他去守灵，继而削其所有要职和大权。魏忠贤的门徒们大难临头各自飞。一月之内，各地官民上本论魏忠贤之罪的竟达数百本，崇祯片纸不遗亲阅上本，看到阉党所为令人发指，不禁动怒，下诏擒拿魏忠贤等人，缉没家产。魏忠贤自知一生罪孽深重，于 1628 年 11 月在押解途中悬梁自尽。魏氏虽死，崇祯帝仍不解气，下令将其尸首挖出，又处以凌迟之刑。

爱新觉罗·皇太极（1592 年 11 月 28 日—1643 年 9 月 21 日）　皇太极为清太祖爱新觉罗·努尔哈赤第八子，母为孝慈高皇后叶赫那拉氏。后金天命十一年（1626 年）正月，努尔哈赤在宁远之战中，攻而未克，皇太极亲临战场，目睹了八旗军最惨痛的一败。当年 8 月，努尔哈赤病死，皇太极继承汗位，改年号为天聪，史称"天聪汗"。努尔哈赤病逝之时，身后还有代善、阿拜、汤古岱、莽古尔泰、塔拜、阿巴泰、巴布泰、皇太极、德格类、巴布海、阿济格、赖慕布、多尔衮、多铎、费扬果共十五个儿子（长子褚英已遭处死）。皇太极为何能继位，各方史籍说法不一。

皇太极继承大汗之位后与其他三位亲王一同主持朝政，被称为四大贝勒时期。大贝勒礼亲王代善，二贝勒阿敏、三贝勒莽古尔泰、四贝勒皇太极。统称为"四大贝勒"。

　　1627 年，皇太极亲率大军发起宁锦之战，再次大败。他决定绕过关宁锦防线在大明国北方开辟第二战线。自 1629 年起多次入塞南侵。在第一次南侵中，他诱使明思宗处死袁崇焕，又仿制红衣（夷）大炮，并建立现代化炮兵部队——重军。皇太极在世时期，将都城沈阳改名"盛京"。在控制漠南蒙古后，崇德元年四月十一乙酉日（1636 年 5 月 15 日），皇太极改国号为"大清"，改元崇德，皇太极是大清帝国的实际建立者和开国皇帝。

清太宗爱新觉罗·皇太极

　　皇太极在位 17 年（1626 年—1643 年）。崇德八年（1643 年）八月初九晚十时入关前夕突然病故，年 52 岁。葬于沈阳昭陵（今沈阳市北陵公园北）。庙号太宗。

　　属龙的帝王将相还有宋钦宗赵桓、清仁宗嘉庆皇帝等。

文人墨客

属龙的人，多数属于理想主义者，他们事事追求完美，无论是否可以达到目的，总是热情不减。这种执著，往往对他周围的人产生巨大的感染力，从而形成一个富有生机和朝气的群体。这些特性，在属龙的文人墨客中表现得最为明显。

卫铄（272 年—349 年） 东晋女书法家，字茂漪，世称"卫夫人"，河东安邑（今山西省夏县尉郭乡苏庄）人。卫夫人出身书法世家，她最善隶书及正书，曾拜钟繇为师，深得其"古隶"及"汉隶"笔法，将卫氏家传之风融为一体，创立了一种新的隶书，时称"今隶"。

"书圣"王羲之师从于卫夫人，可谓她的衣钵弟子。他在《题夫人笔阵图》一文中说："余少学卫夫人画，将为大能。"由此可见卫氏书法造诣之深。

卫铄

蒲松龄（1640 年—1715 年） 字留仙，一字剑臣，号柳泉，世称聊斋先生，自称异史氏。蒲松龄出身没落地主家庭，19 岁应童子试，接连考取县、府、道三个第一，名震一时。以后屡试不第，71 岁时才破例补为贡生，因此对科举制度的不合理深有感触。为生活所迫，他除了应同邑人宝应县知县孙蕙之请，为其做幕宾数年之外，主要是在本县西铺村毕际友家做塾师，舌耕笔耘，近 42 年，直至 61 岁

蒲松龄

时方撤帐归家。1715 年正月病逝，享年 76 岁。

　　蒲松龄用毕生精力完成《聊斋志异》8 卷 491 篇，40 余万字。内容丰富多彩，故事多采自民间传说和野史轶闻，将花妖狐媚和幽冥世界的事物人格化、社会化，情节幻异曲折，跌宕多变，文笔简练，叙次井然，被誉为我国古代文言短篇小说中成就最高的作品集。鲁迅先生在《中国小说史略》中说此书是"专集之最有名者"；郭沫若先生为蒲氏故居题联，赞蒲氏著作"写鬼写妖高人一等，刺贪刺虐入骨三分"；老舍也曾评价过蒲氏"鬼狐有性格，笑骂成文章"。

　　纪昀（1724 年 6 月—1805 年 2 月） 纪昀，字晓岚，一字春帆，晚号石云，道号观弈道人。历雍正、乾隆、嘉庆三朝，享年 82 岁。因其"敏而好学可为文，授之以政无不达"（嘉庆帝御赐碑文），故卒后谥号"文达"，乡里世称"文达公"。

　　纪晓岚天资颖悟，才华过人，治学刻苦，博闻强记，故贯彻儒籍，旁通百家。其学术"主要在辨汉宋儒学之是非，析诗文流派之正伪"（纪维九《纪晓岚》），主持风会，为世所宗，实处于当时文坛领袖地位。纪晓岚为文，风格主张质朴简淡，自然妙远；内容上主张不夹杂私怨，不乖于风教。看得出，他很重视文学作品的艺术效果。除开其阶级局限外，其在文风、文德上的主张，今天仍不失其借鉴价值。纪晓岚以才名世，号称"河间才子"。但一生精力，悉付《四库全

纪昀

书》。又兼人已言之，己不欲言，故其卒后，只有笔记小说《阅微草堂笔记》和一部《纪文达公遗集》传世。《阅微草堂笔记》是纪晓岚晚年的作品，也是清代文言小说的代表作之一，共5种，24四卷，包括《滦阳消夏录》6卷、《如是我闻》4卷、《槐西杂志》4卷、《姑妄听之》4卷、《滦阳续录》6卷，自乾隆五十四年（1789年）至嘉庆三年（1798年）陆续写成。嘉庆五年（1800年），由其门人盛时彦合刊印行。《阅微草堂笔记》故事由来多源，精粗杂陈，既有上层社会的故老疑闻、官场百态、人情翻覆、典章考证，也有下层百姓的曲巷琐谈、奇闻轶事、医卜星相、神鬼狐媚。这些或雅或俗、亦正亦邪的故事，纵横上下各个角度和层面，反映了当时的社会生活，揭示了社会的种种矛盾，也显示出不同阶级人物的善行与恶迹。语言质朴淡雅，风格亦庄亦谐，读来饶有兴味。当时每脱一稿，即在社会上广为传抄，同曹雪芹之《红楼梦》、蒲松龄之《聊斋志异》并行海内，经久不衰，至今仍拥有广大的读者。

纪晓岚一生才华和学术成就十分突出，多姿多彩。他曾给自己写过一首词，其中两句"浮沉宦海如鸥鸟，生死书丛不老泉"，就是他一生真实的写照。纪晓岚不仅在清代被公认为文坛泰斗、学界领袖、一代文学宗师，就是在中国和世界文化史上也是一位少见的文化巨人。

蔡元培（1868年1月11日—1940年3月5日）　在近现代，有一位属龙的著名教育家，以其创办、改革新式教育的成绩蜚声海内外，在中国教育史上占有重要的一席之地。他那独特而丰富的经历——由教育总长而出国留学，由留学而北大校长，再出国留学，再任教育总长，也是在中外历史上前无古人，后无来者的，他就是蔡元培。

蔡元培，字鹤卿，号子民，浙江绍兴人。自幼饱读诗书，博学多才，30

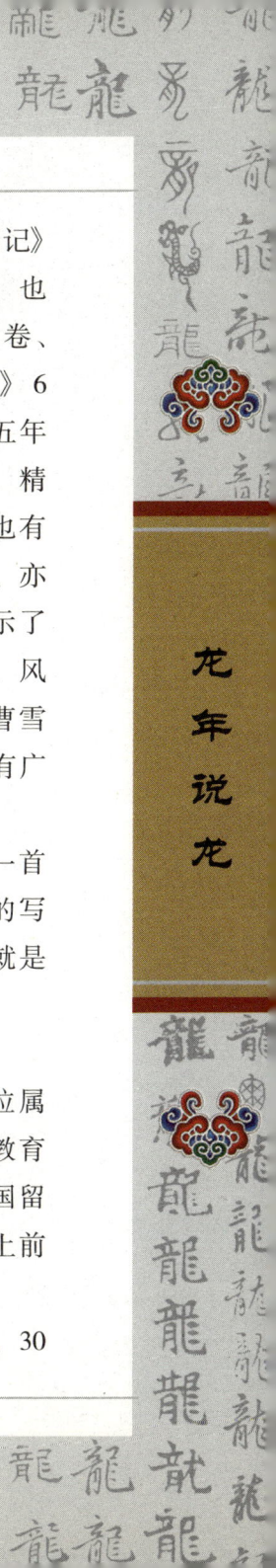

岁前就官至清政府的翰林。1898 年，因看不惯清朝廷的腐朽和顽固，辞官回乡就任绍兴中西学堂监督，开始他创办新式教育的历程。1902 年，他发起组织"中国教育会"，创办"爱国学社"，宣传民主革命。满清政府被推翻后，他抱着教育兴国的思想，担任中华民国临时政府第一任教育总长，发表《对于教育方针之意见》，主张打破"忠君""尊孔"的封建教育体系，建立体育、智育为主的强兵富国的资产阶级教育体系。由于袁世凯篡夺了革命胜利果实，年过不惑的蔡元培遂流亡国外，边留学边考察西方的教育制度。

蔡元培

1917 年年初，蔡元培回国，就任北京大学校长。他按西方模式，糅合进自己的民主思想，对传统教育进行了改革，提出了"百家争鸣、兼容并包"的办学思想，聘请陈独秀、李大钊、胡适、钱玄同、刘师增、鲁迅等名家到北大任教，为新文化运动和马克思主义的传播创造了条件。他还支持并参加了五四爱国民主运动。蔡元培在任 6 年，成绩显著，赢得了极高的声誉，也招来了军阀的嫉恨。1923 年，他被迫再次出国留洋。

1927 年，国民政府鉴于蔡元培在教育界德高望重，请他回国担任国民政府大学院院长。不久，又改任他为中央研究院院长，主持全国的教育和文化学术研究工作。"九一八"事变后，他主张停止内战，一致抗日，并与宋庆龄、鲁迅等人在上海组织了中国民权保障同盟，任副主席，致力于抗日救亡工作。1940 年病逝于香港。

郭沫若 （1892 年 11 月 16 日—1978 年 6 月 12 日）　中国现代著名诗人、学者、文学家、历史学家、古文字学家、社会活动家、剧作家、革命家。原名郭开贞，四川乐山人。

　　郭沫若早年赴日本留学，后接受斯宾诺沙、惠特曼等人思想，决心弃医从文。与成仿吾、郁达夫等组织"创造社"，积极从事新文化运动。这一时期的代表作诗集《女神》摆脱了中国传统诗歌的束缚，充分反映了五四时代精神，在中国文学史上开拓了新一代诗风，是当代最优秀的革命浪漫主义诗作。1923 年后，他系统学习了马克思主义理论，提倡无产阶级文学。1926 年参加北伐，任国民革命军政治部副主任。1927 年蒋介石清党后，参加了中国共产党领导的南昌起义。1928 年 2 月，因被国民党政府通缉，流亡日本，埋头研究中国古代社会，著有《中国古代社会研究》《甲骨文字研究》等重要学术著作。1937 年抗日战争爆发后回国，任军事委员会政治部第三厅厅长，后改任文化工作委员会主任，团结进步文化人士从事抗日救亡运动。1946 年后，站在民主运动前列，成为国民党统治区文化界的革命旗帜。中华人民共和国成立后，当选为中华全国文学艺术界联合会主席，历任政务院副总理兼文化教育委员会主任、中国科学院院长、全国人民代表大会常务委员会副委员长等职，当选中国共产党第九、十、十一届中央委员。主编《中国史稿》和《甲骨文合集》，全部作品编成《郭沫若全集》38 卷。

郭沫若

巴金（1904 年 11 月 25 日—2005 年 10 月 17 日）　现代文学家、出版家、翻译家。被誉为五四新文化运动以来最有影响的作家之一，是 20 世纪中国杰出的文学大师、中国当代文坛的巨匠。

　　巴金，原名李尧棠，字芾甘，笔名佩竿、余一、王文慧、黑浪等。祖籍浙江嘉兴，生于四川成都。1920 年入成都外国语专门学校。1923 年从封建家庭出走，就读于上海和南京的中学。1927 年初赴法国留学，写成了处女作长篇小说《灭亡》，发表时始用巴金这一笔名。1928 年年底回到上海，从事创作和翻译。从 1929 年到 1937 年，创作了主要代表作长篇小说《激流三部曲》中的《家》以及《海的梦》《春天里的秋天》《砂丁》《萌芽》《雪》《新生》《爱情三部曲》等中长篇小说，出版了《复仇》《将军》《神·鬼·人》等短篇小说集和《海行集记》《忆》《短简》等散文集。以其独特的风格和丰硕的创作令人瞩目，被鲁迅称为"一个有热情的有进步思想的作家，在屈指可数的好作家之列的作家"（《答徐懋庸并关于抗日统一战线问题》）。其间任文化生活出版社总编辑，主编有《文季月刊》等刊物和《文学丛刊》等丛书。

　　抗日战争爆发后，巴金在各地致力于抗日救亡文化活动，编辑《呐喊》《救亡日报》等报刊，创作有《家》的续集《春》和《秋》，长篇小说《抗战三部曲》（又名《火》），出版了短篇小说集《还魂草》《小人小事》，散文集《控诉》和《龙·虎·狗》等。在抗战后期和抗战结束后，巴金创作转向对国统区黑暗现实

巴金

的批判，对行将崩溃的旧制度作出了有力的控诉和抨击，艺术上很有特色的中篇小说《憩园》《第四病室》、长篇小说《寒夜》便是这一时期的力作。

中华人民共和国成立后，巴金曾任全国文联副主席、中国作家协会主席、中国笔会中心主席、全国政协副主席等职，并主编《收获》杂志。他热情关注和支持旨在繁荣文学创作的各项活动，多次出国参加国际文学交流活动，首倡建立中国现代文学馆。出版有短篇小说集《英雄的故事》、报告文学集《生活在英雄们中间》、散文集《爝火集》、散文小说集《巴金近作》、《随想录》五集以及《巴金六十年文选》《创作回忆录》等。他的作品被译成多种外文出版。多年来，他还出版了大量译作。巴金小说创作最为著称的是取材于旧家庭的崩溃和青年一代的叛逆反抗的作品，《家》就是这方面写得最成功、影响最大的代表作，奠定了他在现代文学史上的重要地位。

1987年，《随想录》分为五册出版——《随想录》《探索集》《真话集》《病中集》和《无题集》，共46万字，150篇文章，每一篇都是巴金对于"文化大革命"深刻的忏悔和反思。巴金从1978年12月开始动笔的《随想录》，在香港《大公报》副刊上陆续发表，期间受到不少非议。正式出版后的《随想录》更是在20世纪80年代后期的中国文坛引发了一场历史回顾与反思的热潮，使"讲真话"成为全社会奉行与呼唤的人格品质。

巴金生前最大的愿望，就是建立现代文学馆和"文化大革命"博物馆。但是，这两个目标只实现了一个。

1985年3月26日，中国现代文学馆在北京西三环边上的万寿寺挂牌成立。在文学馆开馆当天，巴金在会场刚一坐下，就从裤兜里掏出一个信封，递给当时的馆长杨梨。杨梨打开，发现里面有纸钞也有毛、分的硬币。巴金认真地对他说："我刚得到一本书的稿费，给文学馆。"

建立中国现代文学馆是巴金晚年的梦想。有感于"文化大革命"否定了

龙年说龙

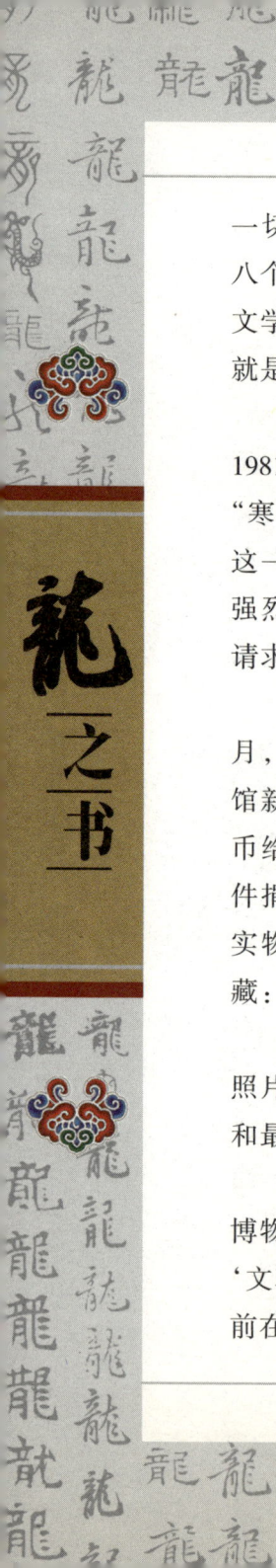

一切，作家大都被打成"牛鬼蛇神"，作品被否定说是"毒草"，全国只保留八个样板戏和一个作家。巴金认为，在"文化大革命"里被打倒的那些作家对文学是有贡献的，需要有一个机构来介绍这些作家的生平、作品。另一个原因就是"文化大革命"之后，很多现代文学的资料被销毁、遗弃、丢失。

从1979年开始，建立中国现代文学馆这个想法就出现在巴金的脑海里。1981年2月14日，在为香港《文汇报》写的《创作回忆录》之十一《关于"寒夜"》和《创作回忆录·后记》中，巴金最早倡议建立中国现代文学馆。这一倡议于1981年3月12日在《人民日报》正式刊载，立即在国内外引起强烈反响。1981年4月，中国作家协会主席团通过了巴老建议，上书中央，请求建立现代文学馆。

经由巴金的奔走呼号，1983年中国现代文学馆筹建处成立。1985年3月，中国现代文学馆在北京西三环边上的万寿寺挂牌。1996年中国现代文学馆新馆奠基。为解决经费问题，不拿一分钱工资的巴金前后捐了25万元人民币给现代文学馆，还把自己珍藏多年的图书、杂志、手稿、书信、照片7765件捐给了文学馆。在巴金的感召下，茅盾亲属将茅盾全部遗书和生前用过的实物赠给了文学馆。在巴金的劝说下，唐弢献出了作为一个文学收藏家的收藏：杂志1.5万册，图书3.5万册，其中许多是孤本。

如今，现代文学馆共有藏品60万件，其中书籍23万册、手稿22005件、照片16173件、书信25733封、字画1887幅、文物169330件，是国内最大的和最权威的文学手稿库。

1986年，巴金在《随想录·"文革"博物馆》一文中，提出建立"文革"博物馆的构思。他说："不让历史重演，不应当只是一句空话。最好建立一座'文革'博物馆，用具体的，实在的东西，用惊心动魄的真实情景，说明20年前在中国这块土地上，究竟发生了什么事情。我并没有完备的计划，也不曾有过周密的考虑，但是我有一个坚定的信念：这是应当做的事情。建立'文革'博物馆，每个中国人都有责任。我只说了一句话，其他的我等着别人来说。"

1995 年，"文化大革命" 30 年，年过九旬的巴金再次发出声音——他给大型图录《"文革"博物馆》一书写了后记。大型图录《"文革"博物馆》分为上、下集，于 1995 年年底出版，收录了数千张历史照片，是迄今为止关于"文化大革命"历史资料最齐备、叙述最有力度的著作。

敢于正视错误，是能够改正错误的前提和基础。尽管"文革"博物馆的建立遥遥无期，甚至招致不同人的误解与批评，但对于巴金，这却是他晚年生命中从未淡忘的主题之一。

龙应台（1952 年 2 月 13 日— ）　生于台湾高雄的眷村，台湾著名作家。龙应台祖籍湖南，父亲姓龙，母亲姓应，出生在台湾，所以叫龙应台。龙应台 1974 年毕业于国立成功大学外文系后，赴美国求学，获堪萨斯州立大学英美文学博士。毕业后，曾任教于纽约市立大学、国立中央大学英文系、淡江大学、德国海德堡大学等。1984 年于台湾《中国时报》撰写"野火集"专栏，引起热烈回响，隔年以专栏文章结集的《野火集》，红遍全球华人社会，被余光中称之为"龙卷风"。其后相继有《人在欧洲》《美丽的权利》《看世纪末向你走来》《我的不安》《百年思索》等多部作品问世。

1999 年，出任台北市首任文化局局长，2003 年辞职。三年多文化局长任内，龙应台用她的努力与胆识，将

龙应台

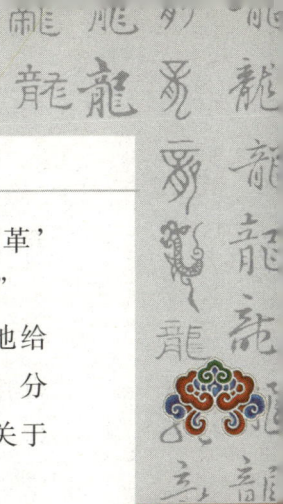

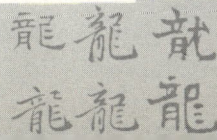

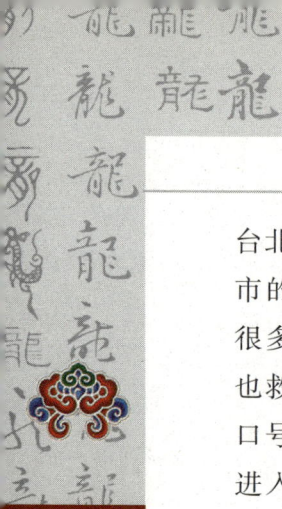

台北带进新的文化境界。她打造"亚太文化之都"，短短两年，有 400 多个城市的市长到过台北，还有源源不断的艺术家进驻。她善用"减法"，没有盖很多新的政绩工程，而是努力拯救老巷弄，以及曾经是名人故居的老房子，也救了许多老树，让台北留下更多历史记忆。她提出"文化就在巷子里"的口号，把平常认为是高级精致艺术的东西，带到广场、公园、庙前，让艺术进入底层住民生活圈里。她为台北市掀起一场"全民绿色革命"，促使市议会审议通过《台北市树木保护自治条例》，规定凡是树胸直径 0.8 米以上、树高 15 米以上都是市政府保护的树木。她还运用个人关系和"明星效应"为台北市的文化建设，争取了超过 3 亿元新台币的企业捐助。

2012 年 2 月 15 日，龙应台正式就任台湾当局行政院文化建设委员会主任委员。5 月 20 日后，该委员会将改名"文化部"，龙应台也将成为台湾当局首任文化部长。相隔 13 年两度为官，同样都主管文化事务，也同样是呼应马英九的召唤，只是这次她的官衔从"局长"变成了"部长"。没有人知道龙应台这次会当多久，何时会恢复她的作家身份。若随马英九同进退的话，未来任期还有 4 年。

贾平凹（1952 年 2 月 21 日— ） 原名贾平娃，陕西省商洛市丹凤县人，中国当代著名作家，陕西省作家协会主席。1975 年毕业于西北大学中文系，1974 年开始发表作品。贾平凹是我国当代文坛屈指可数的文学奇才，被誉为"鬼才"。他是当代中国一位最具叛逆性、创造精神和广泛影响的作家，也是当代中国可以进入世界文学史册的为数不多的著名文学家之一。代表作有《秦腔》《高兴》《心迹》《爱的踪迹》《废都》等。《满月》1978 年获全国优秀短篇小说奖；《腊月·正月》1984 年获中国作协第三届全国优秀中篇小说奖；《浮躁》1987 年获美国美孚飞马文学奖；《废都》1997 年获法国费

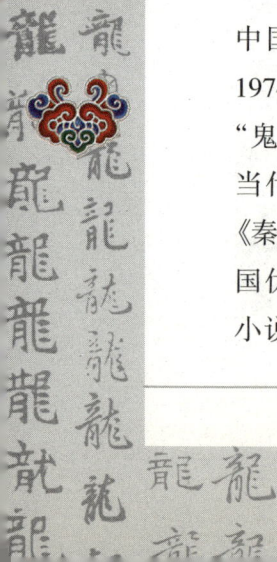

米娜文学奖；《爱的踪迹》1989 年获第一届全国优秀散文（集）奖；2003 年，获得由法国文化交流部颁发的"法兰西共和国文学艺术荣誉奖"；《贾平凹长篇散文精选》2005 年获第三届鲁迅文学奖；《秦腔》2006 年获"红楼梦奖：世界华文长篇小说奖"，2008 年获第七届茅盾文学奖。《古炉》2011 年获施耐庵文学奖。作品《我不是个好儿子》《月迹》《落叶》入选中学教材，《一只贝》入选小学教材。

2010 年 11 月 15 日，贾平凹荣登第五届"中国作家富豪榜"作家富豪榜第 25 位，引发广泛关注。

贾平凹

乱世枭雄

军阀、官僚、黑帮头目、金融大佬，在旧中国，他们是乱世里的风云人物。他们在权力争夺游戏中见缝插针、左右逢源，其原因在于这些人大多具有非凡的判断力，这与肖龙者的特征确有巧合之处。不过，乱世沉浮，尔虞我诈，又岂是一个"龙"字可以说清的？

黄金荣（1868 年—1953 年 5 月 10 日）　旧上海赫赫有名的青帮头子，与杜月笙、张啸林并称"上海三大亨"，也是中华人民共和国"镇压反革命"运动的著名自白人物。

黄金荣出生于苏州，幼年生活在上海漕河泾，1884 年在城隍庙萃华堂裱画店当学徒。1892 年考入上海法租界老北门麦兰巡捕房当探员，因破案有功，到 1917 年升至督察长。同时开设共舞台、日新池浴室、大观园浴室、荣记大舞台、大世界、黄金大戏院等牟利。1920 年后与杜月笙、张啸林合伙经营三鑫公司垄断鸦片买卖，其间曾保护孙中山等革命党人。1925 年从巡捕房退休，在漕河泾祠堂建造花园（今桂林公园）。1927 年，"四一二"政变前，同杜月笙、张啸林组织中华共进会，支持国民政府对付共产党人。

　　1937 年抗战爆发后，黄金荣与杜、张等人曾支援淞沪会战的国军抗战，上海沦陷后留在上海，装疯卖傻拒绝为日本人效力。

　　1949 年中国共产党夺取政权后，81 岁的黄金荣选择留在上海。解放初期百废待举，人民政府要处理的事千头万绪，黄金荣也过了一段安逸日子。1951 年年初，镇压反革命运动开始后，黄金荣的日子开始难过起来，市民甚至自发涌到黄宅门口，要求他接受批斗。一封封控诉信、检举信，如雪片般飞进市政府和公安机关，恳请政府做主，为民报仇雪恨。5 月 20 日，黄金荣在《文汇报》和《新闻报》上刊登《自白书》，表示"愿向人民坦白悔过"，要"洗清个人历史上的污点，重新做人"。上海滩第一大亨的"忏

1951 年的一个清晨，人们惊奇地发现，黄金荣在上海"大世界"门前扫地……

悔"，在当时轰动一时不用说，对稳定社会秩序、震慑帮会残余势力起了不少作用。随后，黄金荣响应政府的改造号召，开始扫大街。"黄金荣扫大街"的新闻不胫而走，传遍世界各地。旧上海另一大亨杜月笙在香港得知这一消息，暗自庆幸自己没有留在上海，躲过一劫。考虑到国内外的反响，对黄金荣的这项"改造"措施只是象征性地并没有持续下去，毕竟他已是风烛残年的老人。两年后，这个曾在上海滩显赫一时的人物，因发热病倒，昏迷了几天，就闭上了眼睛，时年85岁。

谭延闿（1880 年—1930 年） 湘系军阀头领，字组庵，湖南茶陵县人。曾经任两广督军，三次出任湖南督军、省长及湘军总司令，是中国现代史上的风云人物。

谭延闿可不是一般的军阀，他是清朝最后一次科举考试的会元（即会试第一名）。由于在他之前湖南已两百多年没出过会元，其声名和影响力甚至盖过了那一科的状元刘春霖。当时与陈三立、谭嗣同并称"湖湘三公子"。

1907 年，谭延闿组织"湖南宪政公会"，积极推行立宪，成为立宪派首领。1909 年 10 月任湖南咨议局议长。1911 年武昌起义后，任湖南军政府参议院议长、民政部长。10 月底，立宪派杀正副都督焦达峰、陈作新后，被咨议局推举为湖南省都督。1912 年 7 月被北京政府正式任命为湖南都督，9 月兼湖南省民政长，加入国民党，任湖南支部支部长。1916 年 8 月后任湖南省长兼督

谭延闿

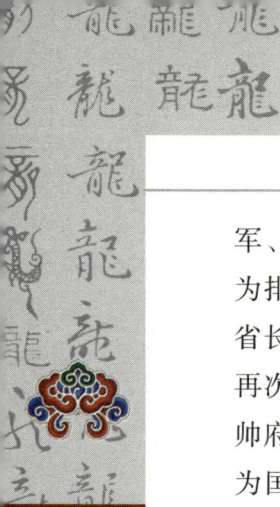

军、湖南参议院院长。二次革命中保持中立，被袁世凯免职。在护国战争中，为排斥外省军阀控制湖南，他提出了"湘事还之湘人"口号。袁死后，任湖南省长兼督军、省长。1920年11月被赵恒惕驱逐而赴上海。1922年投奔孙中山，再次加入中国国民党，6月任全湘讨贼军总司令。1923年后任广州陆海军大元帅府大本营内政部长、建设部长、湖南省省长兼湘军总司令。1924年1月当选为国民党第一届中央执行委员会委员、中央政治委员会委员兼大本营秘书长。1925年7月任广州国民政府委员、常务委员兼军委会委员、常委，国民革命军第二军军长，9月署理广州国民政府军事部部长。1926年1月被选为国民党第二届中央执行委员会委员，3月代理广州国民政府主席，4月任中央政治委员会主席，7月又代理国民党中央党部主席。1927年3月后任国民党中常委、中政会主席团成员、军委会主席团成员、国民政府委员、常委、武汉国民政府战时经济委员会委员，9月宁汉沪三方在上海成立国民党中央特别委员会，任大会主席。1928年2月任南京国民政府主席，至10月转任行政院院长，兼任首都建设委员会委员，财政委员会委员、委员长，国民党中执委、中常委，总理陵园管理委员会委员。1930年9月22日病逝于南京。

谭延闿还是民国四大书法家之首。民国书法家中曾有真草篆隶四大家之谓，他们是谭延闿的真、于右任的草、吴敬恒的篆和胡汉民的隶，素有"南谭北于"之誉。这四人均为国民党的元老级人物，且都是活跃于政坛的顶尖文人。谭延闿的字如其人，有种大权在握的气象，结体宽博，顾盼自雄。是清代钱沣之后又一个写颜体的大家。从民国至今，写颜体的人没有出谭延闿右者。他尤以颜体楷书誉满天下。

世人对谭延闿褒贬不一，有人称他为"民国完一人"，说他是"休休有容，庸庸有度"的大政治家，有人称他为"党国柱石""药中甘草"，也有人说他是八面玲珑"水晶球"，"伴食画诺的活冯道"。

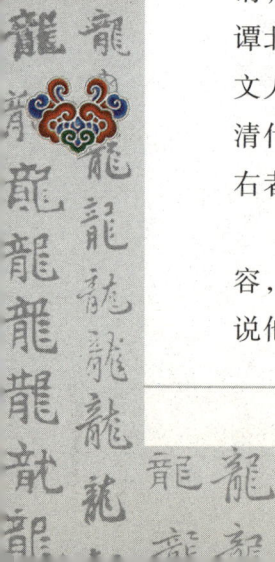

孔祥熙（1880 年 9 月 11 日—1967 年 8 月 16 日）　孔子第 75 代孙，字庸之，号子渊，中华民国南京国民政府行政院长兼财政部长。亦是一名银行家及富商。孔祥熙的妻子为宋霭龄。孔祥熙长期主理国民政府财政，主要政绩有改革中国币制，建设中国银行体系，加大国家对资本市场的控制等。

　　孔祥熙生于山西太谷县。1905 年，毕业于俄亥俄州欧柏林大学，之后进入耶鲁大学，主修矿物学。1907 年得硕士学位，同年回到中国。在家乡太谷县创办铭贤学堂。学堂包括中学、小学，孔自任校长。

　　1926 年孔祥熙去广州，任国民政府广东省财政厅厅长，兼理后方财务。1927 年蒋介石在上海清党后，孔协助蒋介石在上海拉拢各方势力。1928 年孔任南京政府工商部长。1930 年改为实业部长。1931 年"九一八事变"后，蒋介石辞去国民政府主席，孔祥熙亦同时请辞。1932 年奉命到欧美考察，同时秘密向德国、意大利购入武器。1933 年 4 月回国后，被任为中央银行总裁。同年 10 月，宋子文辞去财政部长，由孔祥熙同时兼任行政院副院长及财政部长，之后孔祥熙一直担任财政部长一职，直至 1944 年。

　　孔上任初期，即以改革税收，加强以财政控制地方和减轻民困；同时改组银行体系，透过增加资本，将中国银行、交通银行置于国民政府财政部的控制之下；然后再改革币制，以法币取代银本位，制止白银外流；此外还整理了政府的债务。此等举措，使国民政府得以以国家资本控制金融市场，不但为当时的军事行动提供财源，亦为之后抗战提供财政基础。

　　1936 年"西安事变"时，孔祥熙力主和平解决。抗战开始以后，孔更曾一度任行政院长。抗

孔祥熙

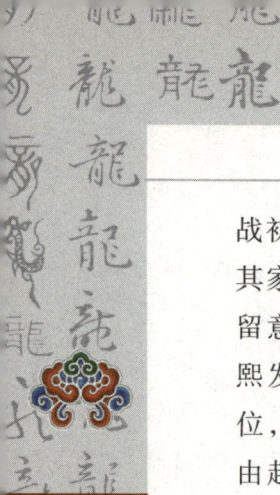

战初期各界对孔的财政政策尚无大怨言；但到了抗战后期，民间对孔祥熙及其家属亦官亦商，利用权力进行投机及发展私人资本大感不满。而美国人亦留意到孔家不正常的敛财手法，1944 年傅斯年在参政会上向行政院院长孔祥熙发难，揭发其在发行美金公债中贪污舞弊。不久，孔被免去财政部长职位，1945 年孔再辞去行政院副院长及中央银行总裁。1947 年以宋霭龄病重为由赴美国定居。1948 年辞去最后的中国银行董事长职。1962 年后曾赴台湾暂住。1967 年 8 月 16 日，孔祥熙病逝于美国纽约。

马鸿逵（1892 年—1970 年） 字少云，甘肃临夏人。幼年在家塾读四书五经，1909 年在甘肃陆军学堂学习，加入同盟会，策划反清起义，事败后经其父马福祥周旋，出任昭武军教练，不久担任袁世凯、黎元洪、冯国璋的侍从武官兼第五混成旅旅长，成为直系"新秀"。第二次直奉大战中任讨逆军骑兵前敌副总指挥兼绥远援军司令。1926 年加入国民党，追随冯玉祥参加北伐，夹击军阀张宗昌和孙传芳，升为第二集团军四路总指挥兼四军军

马鸿逵

长，驻防郑州。1929 年，马鸿逵背叛冯玉祥投靠蒋介石，得到蒋的赏识，1932 年被委任为宁夏省政府主席、省党部主任委员，成为宁夏一方"诸侯"。1947 年加入反共内战，配合胡宗南进攻延安。解放战争中屡战屡败，1949 年 10 月逃往台湾，被行政院以擅离职守名义撤职查办，1950 年流居美国，在洛杉矶经营牧场，直到 1970 年去世。

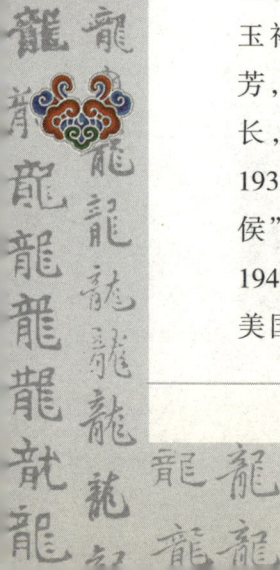

商贾巨富

2010 年 11 日，福布斯发布了最新的全球富豪排行榜，上榜的前 30 位中国内地的富豪中属龙的数量最多，有 6 位。而《福布斯》美国的 400 个大富豪中龙年出生的也是最多，达到 43 人。

李嘉诚

李嘉诚（1928 年 7 月 29 日— ） 长江实业集团有限公司董事局主席兼总经理。生于广东潮州。1940 年为躲避日本侵略者压迫，全家逃难到香港。1958 年，李嘉诚开始投资地产市场。他创立的香港最大的企业集团长江集团，跨足了房地产、能源业、网络业、电讯业，甚至是媒体，是现在香港、大中华地区首富，绰号"李超人"。据 2011 年 3 月《福布斯》杂志公布的全球富豪排名，李嘉诚的总资产值高达 260 亿美元（约合 1680 亿零 38 万人民币），排行榜上列第 11 位，蝉联华人首富。

荣毅仁

荣毅仁（1916 年 5 月—2005 年 10 月 26 日） 江苏无锡人。1937 年毕业于上海圣约翰大学历史系。民建成员。1957 年曾被陈毅副总理誉为"红色资本家"。荣毅仁的一生有坎坷，有磨难，更屡见不凡。他的家族是 50 多年前中国最富庶的家族之一，经历了半个多世纪的沉浮，依然是中国最富庶的家族之一；他创办的企业，已经远远不止北京建外的那个"巧克力"大厦，"中信"两个字出现在诸多大城市的大厦、楼盘

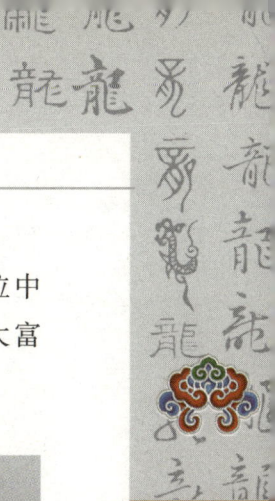

龙年说龙

和金融机构的名称上。他最响亮的职务是"国家副主席",也曾被人们亲切地称呼为"荣老板"。他从政多年,亦从商多年。无论时事沧桑,每次命运跌宕转折之际,总见其惊人的智慧闪现。

改革先锋

邓小平(1904 年 8 月 22 日—1997 年 2 月 19 日) 四川广安人。中国共产党第二代领导核心。马克思主义者,无产阶级革命家、政治家、军事家、外交家,同时也是中国人民解放军、中华人民共和国的主要领导人之一。他是中国社会主义改革开放和现代化建设的总设计师,创立了邓小平理论。他所倡导的"改革开放"及"一国两制"政策理念,改变了 20 世纪后期的中国,也影响了世界。

1978 年年末,在邓小平主持下召开了中国共产党十一届三中全会。邓小平提出"解放思想,实事求是"的观点,提出了要允许一部分地区、一部分企业、一部分工人农民先富起来,以带动其

邓小平

他地区、其他企业、其他人，使全国人民都能比较快地富裕起来的观点。在邓小平的主导下，中国经济一路高歌，亿万中国人的生活水平得以改善提高。

1992 年春，在中国政治经济改革裹足不前的紧要关头，88 岁高龄的邓小平巡视了广州、深圳、珠海与上海，发表了一系列的讲话，他强调经济建设的重要性，并批评那些怀疑改革开放的人，明确表示"左"的东西对中国而言比"右"更可怕。他的南巡与讲话使得中国重新步入改革的轨道。

邓小平的"改革开放"政策打开了中国的国门。通过"社会主义市场经济"，中国的经济取得了巨大发展。邓小平去世后，中国经济保持每年不低于 8% 的高增长，即使是在世界经济低迷的现在也是如此。政治上，中国人也抛弃了以往的条条框框，能够更自由地与国际接触，中国的法律也得以逐步完善，法治化进程推动着社会体制改革。中国今天的成就有目共睹，而邓小平无疑是重要的功臣。

朱镕基（1928.10— ）　湖南长沙人。清华大学电机系电机制造专业毕业。曾任中华人民共和国国务院总理。为中共第十三届中央候补委员、十四届、十五届中央委员、中央政治局委员、常委。作为中国共产党的高层领导人，朱镕基个性十足。他头脑敏捷，行事专断，嫉恶如仇，幽默而富有人情味，藐视强者而同情弱者。在任时，他是公认的"工作狂"，他那极其严肃的表情，严厉的态度，犀利的语言，敏锐的目光，以及他做事果断、大刀阔斧、雷厉风行，又铁面无私、刚正不阿的风格，都给世人留下了极其深刻的印象，令许多官员敬畏甚至战栗不已。退休后，他最大的原则就是不谈工作，但喜欢同普通人聊天。在任时，他给自己定下"三不"规矩：不收礼、不剪彩、不题词。退休后，他看书、练书法、拉胡琴。兴致来时，还会与夫人劳安一起"妇唱夫随"地来一段京戏。虽然朱镕基渐渐地从公众的视野中消失了，但他的人格魅力和做事风格，以及他对中国经济巨大而具争议的贡献令人难忘。

1992 年 10 月，党的十四大到 2003 年 10 月十六届三中全会期间，中国式改革进入攻坚阶段，而这段艰难时期也贯穿了他主政经济的 12 年。从 1991 年就任国务院副总理始，朱镕基雷厉风行治理三角债；主政国有企业改革，推动中国企业改革向规范化发展；推出分税制改革，破解中央财政困局；实现汇率并轨。成功实现过热经济"软着陆"。抗击亚洲金融危机，中国经济逆风飞扬。发行国债，拉动内需，居民的收入和金融资产不断增加。改革政府机构，精简国务院各部门机关干部近半……

朱镕基

中国今天所面临的许多难题、隐患是许多国家所不曾有的，要评价朱镕基，就必须理解中国的现状。这种评估不应该是静态的，而必须是动态的。朱镕基承载着太多的民意和期望，然而中国的问题只能在发展中渐进解决。2000 年，朱镕基在回答丹麦记者有关"希望中国人民在您离任之后最记得您的是哪个方面？"的问题时，答道："我只希望卸任以后全国人民如果能说一句'他是一个清官，不是贪官'，我就很满意了。如果他们再慷慨一点说'朱镕基还是办了点实事'，哎呀，我就谢天谢地了！"

四、龙凤呈祥

与中华龙文化不可分割的是凤文化，自古以来龙与凤的关系就是极其密切的。作为百鸟之王的凤凰，象征吉祥和永生，与龙同样被人们世代敬仰、崇拜，从而创造出丰富灿烂的龙凤文化。

凤和龙一样，在现实世界中并不存在。据《尔雅·释鸟》郭璞注，凤凰的特征是："鸡头、燕颔、蛇颈、龟背、鱼尾、五彩色，高六尺许。"可见，凤也是一种集众多动物于一身的神物。

龙凤配，如今看来理所当然，相得益彰。其实在我国远古时期，龙有雌雄，凤也分雄雌。那么，龙和凤是如何演化成一阳一阴，又是如何成功牵手的呢？

从远古母系社会到父系社会，先民们懂得阴阳合而生万物的道理，认为天是阳，地是阴，天地合生万物。《淮南子》认为："始于一，一而不生，故分阴阳，阴阳合和而生万

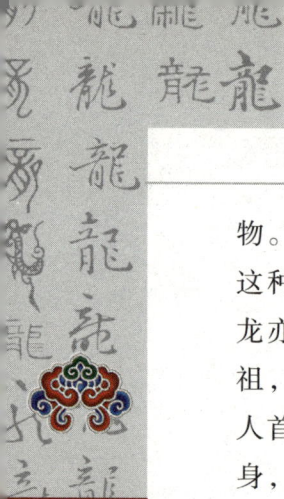

物。"认为一切生物各有自己的阴和阳，依各自的阴阳关系而繁衍子孙后代，这种认识不仅表现在对自然实在之物的认识上，也反映在想象的神物之中。龙亦如此，中国古代神话中的龙有雄雌之分。伏羲和女娲，是中国人的人祖，如同西方的亚当与夏娃。《山海经》中把伏羲、女娲描绘成人首龙身、人首蛇身，也就是说，我们的祖先是龙与蛇。后人常说伏羲、女娲是人首蛇身，这是不准确的。《玄中记》等文献写得十分明确："伏羲龙身，女娲蛇躯。"这是较早的关于龙的婚配描述，说的是龙蛇相配，其实，蛇亦称小龙，也可以说是龙的雌雄相配。此外，关于龙的自身雌雄的记载，在公元前513年《春秋左传·昭公二十九》即有明确记录，称夏代时"帝赐之乘龙，河、汉各二，各有雌雄"。晋时杜预和唐初孔颖达均作过注释。可以说，而雌雄相配是龙的姻缘主流。

同样，凤也分雌雄。凤是凤凰的简称，凤为雄，凰为雌。据传，凤鸣如箫笙，音如钟鼓。凤凰雄鸣曰即即，雌鸣曰足足，雌雄和鸣曰锵锵。"凤飞翱翔兮，四海求凰。无奈佳人兮，不在东墙"，"凤兮凤兮归故乡，遨游四海求其凰"。古琴曲《凤求凰》相传为西汉文学家司马相如所作，演义了司马相如与卓文君的爱情故事。以"凤求凰"为通体比兴，不仅蕴含了热烈的求偶，而且也象征着男女主人公理想非凡、旨趣高尚、知音默契等丰富意蕴。

在东汉及其后一段时间内，出现了龙虎相配的现象，这是受道家特别是受当时道教的影响，这在东汉画像石、铜镜里表现最多。

及至晚唐、五代、北宋，龙逐渐成为君主帝王的象征，帝后妃嫔们也开始称凤比凤，龙凤配才固定下来。帝王服"龙衮"，帝后便戴"凤冠"；帝王住"龙邸"，帝后便居"凤楼"；帝王有"龙火衣"，帝后便有"凤头鞋"，等等。凤凰的形象逐渐雌雄不分，以至最终整体地"雌性化"了。而"凤"与"凰"也常被用于女性的名字。

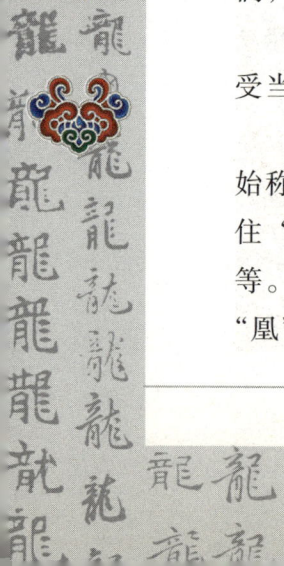

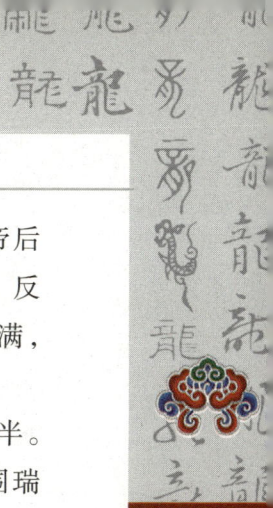

龙凤是劳动人民创造的神物，体现着人民群众的美好愿望，帝王、帝后自然不能全部垄断。龙与凤配合、对应的情形，广泛地流行于民众之间，反映在不同地域、不同民族的习俗之中。其寓意，多是阴阳和谐，婚恋美满，求吉祈福。

"龙凤呈祥"是中国民间传统的吉祥图案——画面上，龙、凤各居一半。龙是升龙，张口旋身，回首望凤；凤是翔凤，展翅翘尾，举目眺龙。周围瑞云朵朵，一派祥和之气。龙是威严、力量和智慧的结合体，而凤则是宽大、怀柔和美丽的结合体。

龙和凤的互相吸取，反映着龙凤崇拜的交融互渗。就像世间男女，你中有我，我中有你一样，龙和凤也是你中有我，我中有你。没有凤，龙就是孤单的龙；没有龙，凤就是凄清的凤。龙因力而生，凤因美而活。龙的力为凤的美提供着支撑和归宿，凤的美为龙的力提供了目标，增添着特别迷人的风情。

在中国各地，带有龙的地名数以千计。其中，有些以数字为题的，如吉林省的二龙、江西省的三龙、辽宁省的四龙；有些以龙的身体为题，如江西省的龙头、四川省的龙角、贵州省的龙额、黑龙江省的龙爪的；有些以龙群为题的，可以组成龙王、龙母、大龙、小龙、金龙、木龙、水龙、土龙，等等。中国含"龙"字的江河，可查的就有四十多个，而我们熟识的黄、青、赤、白、黑龙，就分别在四川省（黄龙河）、河北省（青龙河和赤龙河）、天津（青龙湾河和黑龙港河）、甘肃省（白龙江）、上海（白龙港河）和黑龙江省（黑龙江）。几乎每个省都有龙江、龙湖、龙山、龙洞、龙泉、龙潭，还有数不清的龙王庙。

带有凤的地名，虽不及龙的地名多，但一般都为祥瑞之地，所谓"凤凰不落无宝之地"。古人认为时逢太平盛世，才会有凤凰来仪。

长白山绵亘至黄海北岸，突兀一山，即凤凰山。山下有城，名曰凤城

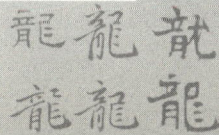

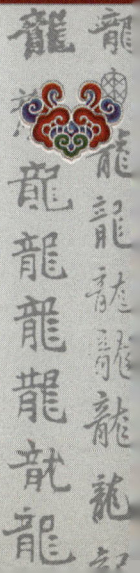

（辽宁），相传是秦穆公之女弄玉，吹箫引凤之地。

湘西凤凰，因古城西南有一山酷似展翅而飞的凤凰而得名。山西晋城，在历史上因"有凤来栖"的美丽传说，而被冠以"凤城"之美誉。

被称为"塞上凤城"的银川市，地处祖国西北边陲，是宁夏回族自治区首府，也是全国历史文化名城之一。传说很久以前，长江以南住着凤凰七姐妹，给人们带来幸福。其中最小的七妹来到地薄人穷的宁夏，开渠引水，带来了江南风光。后来为了阻止异族部落入侵，凤凰七妹就变成了一座城，保护宁夏百姓，这就是后来的银川。如今，"塞上凤城"已成为银川的美称。

"塞上凤城"银川

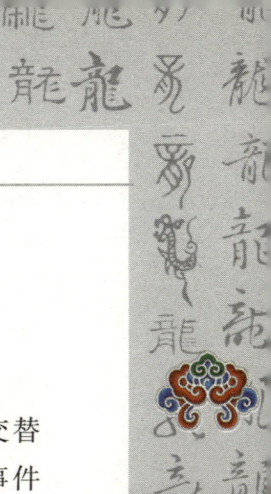

五、龙年大事记

中国人有逢"龙"必变之说法。龙年代表龙脉的跃动，是新旧力量交替的历史时刻，因此暗喻了历史上的龙年多是不平常的年份。其实，一个事件的发生，既有其内在的必然性，也有其外在的偶然性。坏事也好，好事也罢，取决于大自然的因素，与人类思维意识中的龙或龙年全无瓜葛；人祸，如战争、动乱、匪盗等，虽是人为因素，但说到底是社会环境综合的产物。有的天灾也是人祸，人祸也是天灾，都不是"龙年"二字所能解释的。

1. 公元前 221（庚辰）年，秦始皇统一六国

公元前 221 年，秦王嬴政使将军王贲从燕地南攻齐国，俘虏齐王建，西周最后一个诸侯国灭亡。自公元前 230 年至前 221 年，秦先后灭韩、赵、魏、楚、燕、齐六国，完成了统一大业，建立起第一个以早期汉族为主体的强大秦汉多民族统一的封建大帝国——秦朝，定都咸阳。秦始皇是中国历史上第一个使用"皇帝"称号的君主，自称"始皇帝"，秦始皇是中国历史上第一个多民族中央集权制帝国的创立者，对中国和世界的历史均产生了深远而重大的影响。

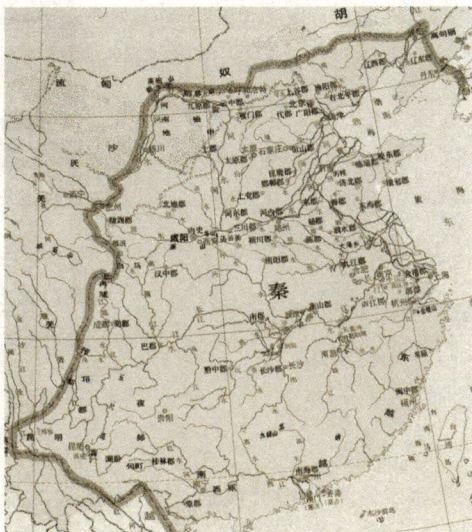

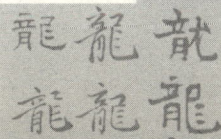

2. 公元9年（戊辰年末），王莽篡位，西汉灭亡

公元9年，新都侯王莽在京兆尹长安县的未央宫前殿即皇帝位，改国号为"新"。新朝仅存14年，是中国历史上的短命王朝。公元23年，在昆阳，王莽军被更始帝大军打败。同年，赤眉绿林军攻入长安，王莽被杀，新朝灭亡。

3. 公元68（戊辰）年，佛教始入中国

东汉明帝即位后，听说西域佛教博大精深，派郎中蔡音西天求佛。蔡音等到了天竺（印度），请人画了佛像，邀请两位佛门大师摄摩腾、竺法兰与其同回洛阳。公元68年，明帝诏建洛阳白马寺供两位佛师居住。二僧在寺中编译佛典《四十二章经》，佛教至此开始在中国传播。洛阳白马寺位于河南

洛阳白马寺

省洛阳老城以东12公里处，作为佛教传入中国后兴建的第一座寺院，有中国佛教的"祖庭"和"释源"之称。寺内保存了大量元代夹纻干漆造像，如三世佛、二天将、十八罗汉等，弥足珍贵。

4. 公元200（庚辰）年，官渡之战

曹操专权，汉献帝命车骑将军董承携血书密诏，谋杀曹操，事泄董承被

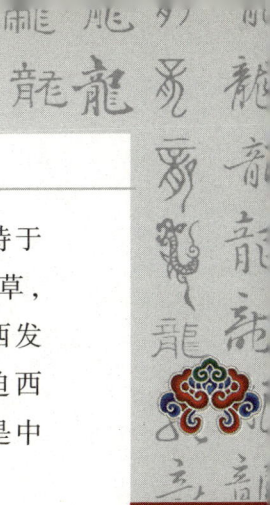

杀；曹操破刘备、擒关羽，驻于官渡，刘备败投袁绍，袁绍军与曹军相持于官渡（今河南中牟东北），曹操派人偷袭袁军乌巢（今河南封丘西）粮草，袁军大败，一蹶不振。这年东吴孙策死，孙权立；刘备退至汝南，谋向西发展。曹操经此一战，统一北方；孙权护东吴，割据之势已成；刘备被迫西退，后据蜀，联吴抗曹。官渡之战，是东汉末年"三大战役"之一，也是中国历史上著名的以弱胜强的战役之一。

5. 公元632（壬辰）年，魏徵谏封禅

这年是唐太宗李世民即位第6年，国家已定，外国来朝，文武官员多请太宗泰山封禅，太宗也有此意，宰相魏徵极言不可。他上书阻谏说："目前虽说天下太平，但民经战乱，国力未复，田原多有荒芜，百姓尚未复业，不应崇虚名而受实害，做劳民伤财之举。"太宗纳谏，开唐初政通人和、从善如流之民风。

6. 公元992（壬辰）年，糊名考校，堵塞弊源

科举制度盛行于唐，多系按题策论，考生姓名署于文下，为考生贿赂考官谋取榜上有名大开方便之门，加上主考官徇私舞弊，多照顾亲朋故旧、同僚富绅，弊端甚多。992年，宋太宗规定，今后复试合格进士，采用糊名考校之法，即把考卷上考生的姓名先盖上再阅卷，以防止考生与考官混同作弊，后来此法推广到科举逐级考试中，并流传至今。

7. 公元1376（丙辰）年，空印冤案

年初，彗星现于夜空，民间以为不详，朱元璋下旨求言，平遥县一训导小官叶伯巨进言道："分封太侈，用弄太繁，求治太急。"朱元璋闻言大怒，

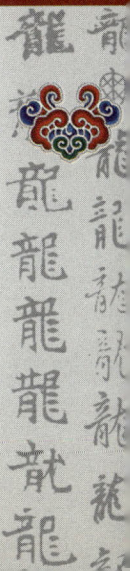

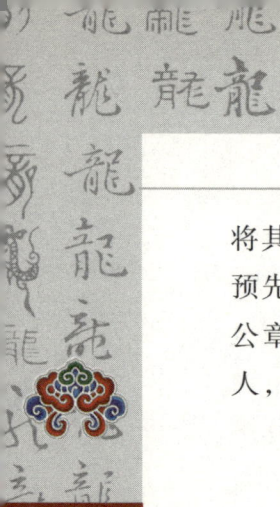

将其逮捕入狱，不久处死。明初官吏办事按元朝旧俗，衙门公干差人多持有预先盖好官印的空白文书以备急用，类似于今天的"空白介绍信"之类盖好公章的便笺，朱元璋得知后，认为是官吏的舞弊行为，为此逮捕官吏数百人，多数蒙冤而死，揭开了明代系列冤案的序幕。

8. 公元 1616（丙辰）年，努尔哈赤称汗

满族首领努尔哈赤统一各部，建立八旗（正黄、白、红、蓝、镶黄、镶白、镶红、镶蓝）制度，1616年（明万历四十四年）正月，努尔哈赤在赫图阿拉称汗，建立大金（史称后金），改元天命，为入关做好准备，由此奠定了清朝300年统治的基业。

9. 公元 1856（丙辰）年，天京事变

1856年8月，太平军先后攻破清军借以围困天京的江南、江北大营，东王杨秀清被一时的胜利冲昏头脑，居功自傲，私心膨胀。他假称自己是"天父"的代言人，以"天父"的口气训斥洪秀全："你与东王都是我的孩子，东王立下这么大的功劳，怎么只称得九千岁呢？"洪秀全赶忙说："东王打江山，亦应称万岁。"杨秀清又逼问："东王的儿子怎么只封千岁？"洪秀全只好说："东王既已是万岁，他的儿子自然也应是万岁，以后世代都是万岁。"经此一事，洪秀全知东王有取己代之之意，密令在江西的北王韦昌辉，在湖北的翼王石达开回京讨论对策。9月2日夜，韦昌辉率精锐三千赶回天京，趁夜杀入东王府，将东王及其家属、侍从等全部斩杀，以后的几十天中，又擅杀了东王部属和无辜群众两万余人，弄得天京城人心惶惶。稍后赶来的石达开责备韦昌辉杀人太多，韦昌辉又派兵攻翼王府，杀其全家，石达开连夜逃走，这就是"天京事变"，它是太平天国由盛而衰的转折点。11月，

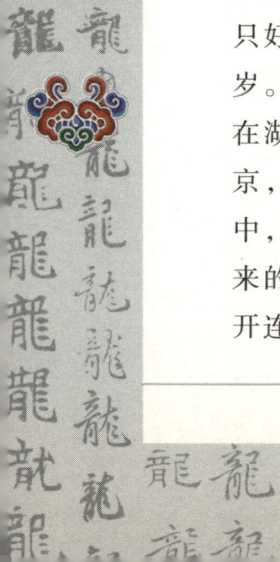

洪秀全号召天京军民合力诛杀韦昌辉，"天京事变"始告平息。

10. 公元 1916（丙辰）年，护国战争

　　袁世凯窃取辛亥革命胜利果实当上大总统后仍不满足，一心要恢复帝制做皇帝，为此他不惜牺牲国家利益，接受日本灭亡中国的《二十一条》，并于 1915 年 12 月 12 日宣布接受"民意"，下令将 1916 年改为中华帝国洪宪元年，于 1916 年元旦举行登基大典，引起了深受封建专制之苦的全国人民的反对。被羁在京的云南都督蔡锷巧计离京，绕道日本回云南组织护国军讨伐袁世凯。在各地各阶层人民的积极支持下，护国军屡战屡胜。袁世凯迫于内外压力，不得不于 3 月 22 日宣布取消帝制，护国战争取得了重大胜利。6 月，袁世凯病死。11 月，护国名将蔡锷在日本病逝。

护国军将领合影
左起：李日垓、罗佩金、蔡锷、殷承瓛、李烈钧

11. 公元 1952（壬辰）年，三反五反，上甘岭战役

　　2 月 10 日，河北省人民法院临时法庭公审大贪污犯刘青山（前天津地委书记）、张子善（天津地委书记、前天津专署专员），判处刘、张二人死刑。刘青山、张子善案件是在新中国成立初期"三反"运动中查出的一起党的领导干部严重贪污盗窃国家资财案件。1951 年 11 月，中共河北省第三次代表会议揭露了刘、张的罪行。同年 12 月 4 日，中共河北省委作出决议，经中央

华北局批准，将刘青山、张子善开除出党。1952 年 2 月 10 日，河北省人民政府举行公审大会，随后河北省人民法院报请最高人民法院批准，判处刘青山、张子善死刑。

10 月 25 日，中共中央批准了安子文、廖鲁言关于结束"三反"和"五反"运动的两个报告，"三反""五反"运动结束。"三反""五反"运动是 1951 年年底到 1952 年 10 月，在党政机关工作人员中开展的"反贪污、反浪费、反官僚主义"和在私营工商业者中开展的"反行贿、反偷税漏税、反盗骗国家财产、反偷工减料、反盗窃国家经济情报"的斗争的统称。"三反""五反"运动巩固了工人阶级的领导地位和社会主义国营经济在国民经济中的领导地位，为对资本主义工商业和资产阶级进一步的社会主义改造创造了有利条件，但受极"左"思想的影响，在运动中，一度发生了斗争扩大化和逼供等现象，制造了大量冤假错案。

10 月 14 日，上甘岭战役打响。1952 年 7 月，为了寻求朝鲜战争战俘问题的解决，中方谈判代表向美方提出了双方所俘获的武装人员全部遣返的原则。而美方仍坚持"自愿遣返"的主张，并于 10 月 8 日又蛮横地片面宣告停战谈判无限期休会。接着，10 月 14 日向上甘岭志愿军两个连的阵地发动了进攻。美方名为"金化攻势"。举世闻名的上甘岭战役，持续鏖战 43 天，敌我反复争夺阵地达 59 次，我军击退敌人 900 多次冲锋，歼灭敌军 2.5 万余人，击落击伤敌人飞机 270 余架、坦克 14 辆、大炮 60 余门。粉碎了由美军第八集团军司令范弗里特亲自指挥的攻势，守住了阵地，创造了坚守防御战的范例。"联合国军"发动此次攻势的目的是企图扭转战场上的被动局面，然而结果却相反。当时美联社报道说："这次金化的战役，现在已到了朝鲜战争中空前未有的激烈程度。人员的伤亡和使用的大量物资上，除了 1950 年盟军在北朝鲜的惨败情形外，是空前未有的。"

在上甘岭战役中，志愿军涌现出许多英雄人物。在抗美援朝战争中获得"朝鲜民主主义人民共和国英雄"称号的 12 人中，参加上甘岭战役的就有 4 人，他们是黄继光、邱少云、胡修道、孙占元。此外，还有数以千计的功臣和英雄集体。

12. 公元 1964（甲辰）年，原子弹爆炸成功，"左"倾严重

10 月 16 日，我国第一颗原子弹爆炸成功。这是我国国防和科学技术方面取得的一项重大成就。同日，发表《中华人民共和国政府声明》。《声明》指出：中国政府一贯主张全面禁止和彻底销毁核武器；中国发展核武器是为了防御，为了打破核大国的核垄断。中国政府郑重宣布，中国在任何时候、任何情况下，都不会首先使用核武器。

经过 1954 年的特大洪水和三年困难时期，中国国内人口状况发生了很大变化。1964 年，第二次全国人口普查开展，全国总人口为 72307 万（不包括

台湾省人口、港澳同胞和国外华侨）。当年，第二次人口普查的结果是作为保密资料对待的，除人口总数，性别结构等信息都没有公布。直到1980年以后，国家统计局才在报纸上公布了第二次人口普查的主要结果。

2月10日，《人民日报》发表《大寨之路》的报道，同时发表《用革命精神建设山区的好榜样》的社论，在全国农村掀起了农业学大寨运动。开展学大寨运动，对促进农田基本建设、发展农业生产起过积极作用。但到后来，学大寨成为推行"左"倾政策的政治运动，大寨也从先进典型演变成为"左"倾政治运动的工具。

5月，林彪授意解放军总政治部编辑出版了《毛主席语录》，制造对毛泽东的个人崇拜。早在林彪接任国防部长、主持军委工作时起，他就多次鼓吹"毛泽东思想是当代马克思列宁主义的顶峰"。强调学习马列主义主要是学习毛泽东著作（以后甚至还提出"要99%地"学习毛泽东著作），而学习毛泽东著作，只要学好"老三篇"就够用了。随后，他又提出"活学活用，学用结合，急用先学，立竿见影"的口号。

9月1日，中共中央转发《关于一个大队的社会主义教育运动的经验总结》（简称"桃园经验"），对于"四清"运动中"左"的错误的进一步发展产生了一定的影响。9月18日，中共中央发出《关于印发农村社会主义教育运动中一些具体政策规定的修正草案的通知》（简称第二个《后10条》）。《后10条》对形势估计更加严重，是"四清"运动出现的更为严重的"左"倾。

10月24日，中共中央发出《关于社会主义教育运动夺权斗争问题的指示》，并转发了天津市委关于小站地区夺权斗争的报告。此后，社会主义教育运动变成了"夺权斗争"。

13. 公元1976（丙辰）年，三星陨落，唐山地震

1976年又是一个龙年，却是中国现代史上最不幸的一年，在这一年中全国人民都承受了巨大的精神压力：1月8日，深受全国人民信任和爱戴的周恩来总理病逝；7月6日，老一辈无产阶级革命家、军事家朱德逝世；9月9日，领导中国人民奋斗了半个多世纪的伟大领袖毛泽东主席病逝。这三个人一文一武一统帅，可以说是中国革命和建设的三驾马车，他们三人长期的亲密无间的合作，是中国几十年来取得如此重大成就的一个重要原因。三星的龙年陨落，使很多中国人心灵上变得空空荡荡的，仿佛失去了主心骨。

大地震后的唐山一片废墟

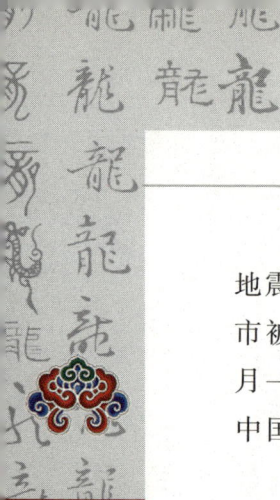

偏偏祸不单行，7月28日，河北唐山发生了一场突如其来的8.6级强烈地震，波及天津、北京地区，一夜之间，24万人魂归黄泉，一座繁华的城市被夷为平地，这一切仿佛都预示着将有更不寻常的事情发生。果然，10月一声惊雷，粉碎了"四人帮"篡党夺权的美梦。不久，邓小平同志复出，中国走上了改革开放的新道路。

14. 公元 1988（戊辰）年，改革开放，两岸融冰

1988年，中国内地迎来改革开放十周年。2月27日，国务院批转国家体改委提出的《1988年深化经济体制改革的总体方案》，继续推进改革开放。4月13日，七届全国人大一次会议通过关于设立海南省的决定及建立海南经济特区的决议。4月26日，中共海南省委员会和海南省人民政府正式挂牌。8月25日，海南省人民政府成立。

1月13日，中国国民党主席蒋经国病逝。中共中央致电中国国民党中央委员会，吊唁中国国民党主席蒋经国在台北病逝。时任国务院总理的赵紫阳发表谈话："蒋经国先生坚持一个中国，反对'台湾独立'，主张国家统一，表示要向历史作出交代，并为两岸关系的缓和作了一定的努力。"他还重申："我党和平统一祖国的方针和政策是不会改变的。"2月，李登辉继任"总统"后表示："中华民国的国策"就是只有一个中国的政策。4月18日，台湾红十字会开始受理转递大陆往台信件。7月，国民党召开"十三大"，把其政策重点从"反共复国"转变成"偏安等待"。同期，大陆公布《关于鼓励台湾同胞投资的规定》。8月23日，台湾当局设"大陆工作会报"与"大陆工作指导小组"，以统筹、指导新的大陆往台政策。9月9日，台湾客轮开始驶往基隆—那霸—上海航线。11月，台湾当局"国防部长"表示，将在5年内裁军25万人，使台湾军队维持在50万人。

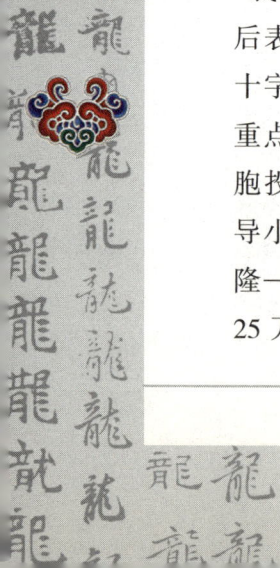

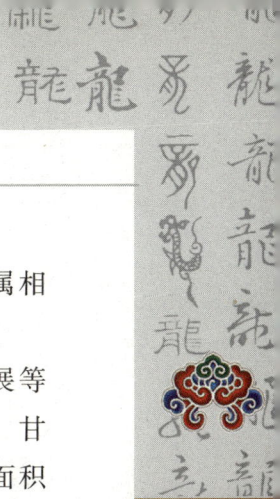

15. 公元 2000（庚辰）年，西部大开发

2000 年不仅是世纪之交、纪元之交，还是我国农历庚辰年，即十二属相中的龙年。此种际遇，三千年才能等一回，故又有"千禧龙年"之说。

这一年，西部大开发战略开始布局，这在我国经济、政治和社会发展等各方面都具有十分重大的战略意义。中西部十二省区（内蒙古、陕西、甘肃、青海、宁夏、新疆、四川、重庆、云南、贵州、广西、西藏）国土面积约为 686.74 万平方公里，占全国陆地面积的 71.5%；总人口为 3.69 亿人，占全国总人口的 28.6%。改革开放以来，中西部地区社会、经济的各个领域都发生了巨大的变化，但与东部相比差距还是显而易见的。2000 年，中国国内生产总值（GDP）首次突破一万亿美元大关，人均 GDP 达到 850 美元。中央宣布，人民生活总体上达到

中西部十二省区市位置示意图

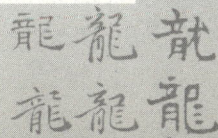

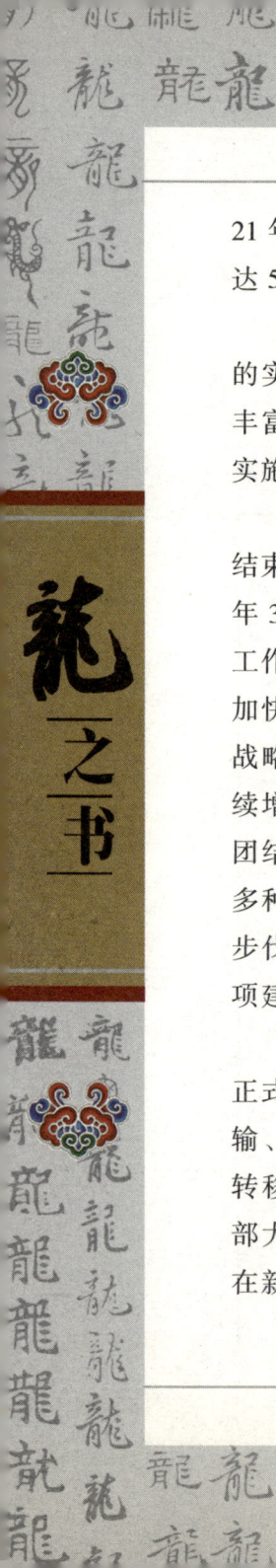

21 年前邓小平提出的小康目标。但各个地区的发展并不均衡，深圳人均 GDP 达 5000 美元；而四川是 510 美元，贵州只有 280 美元。

经过 20 多年的快速发展，我国综合国力大大增强，东部地区积累了相当的实力，西部地区基本实现了温饱，全国商品供给有余，改革开放也积累了丰富的经验，这使得国家和东部地区有能力加大对西部地区发展的支持力度，实施西部大开发的条件基本具备。

1999 年 6 月 17 日，江泽民总书记提出实施西部大开发战略。11 月 15 日结束的中央经济工作会议将西部大开发列为 2000 年经济工作重点之一。2000 年 3 月 5 日在九届全国人大三次会议上，朱镕基总理在向大会所作的《政府工作报告》中，对实施西部大开发战略作了论述。他指出：实施西部大开发，加快中西部地区发展，是党中央贯彻邓小平关于我国现代化建设"两个大局"战略思想、面向新世纪所作的重大决策。这对于扩大内需、推动国民经济持续增长，对于促进各地区经济协调发展、最终实现共同富裕，对于加强民族团结、维护社会稳定和巩固边防，都具有十分重要的意义。东部地区要采取多种形式加大对中西部地区的支持力度。中西部地区要抓住机遇，加快发展步伐，发扬自力更生、艰苦奋斗的精神，注重实效，扎实工作，努力搞好各项建设。

"走共同富裕的道路"，让改革的成果为所有国人分享。西部大开发战略正式启动后，中央地方投入万亿计的资金为西部"输血"；西电东送、西气东输、南水北调、青藏铁路，一个个重量级的工程落户西部；东部企业的梯度转移，更增添着西部的内在活力；自东向西，东部率先发展，中部崛起，西部大开发，再加上振兴东北，构架了区域经济发展的完整骨架，中国经济站在新起点上酝酿新一轮腾飞。

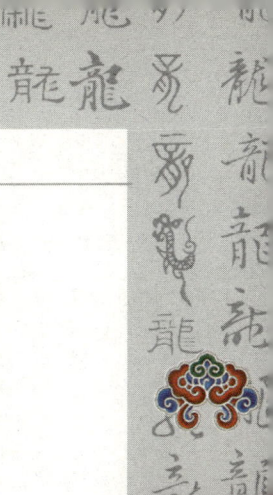

说文解龙

一、汉字"龙"

自古以来，龙乃中华民族崇拜的神异动物；在中国的传统习俗中，龙又是吉祥的象征。汉代学者许慎在《说文解字》中称："龙，鳞虫之长，能幽能明，能细能巨，能短能长，春分而登天，秋天而潜渊。"

"龙"字是象形文字。甲骨文中"龙"字为兽首蛇身之状，层状闪电照亮云团时呈现与兽的面部相似的形状，给人以苍天发怒的震撼力；蛇身代表条形闪电。因此，龙被古人视为雷雨之神。《山海经》中有"雷泽有神，龙身而人头"的记载。而"隆隆"的雷声则成了龙字的读音。

在金文中，"龙"字上部是角，角下是头，嘴巴朝左张开，露出两颗锋利的牙齿，右边是弯弯曲曲的龙身。

小篆的"龙"字由金文演变而来，反而更为复杂。

楷书的写法基本上同于小篆。

| 甲骨文 | 金文 | 小篆 | 楷书 | 行书 |

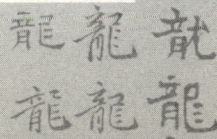

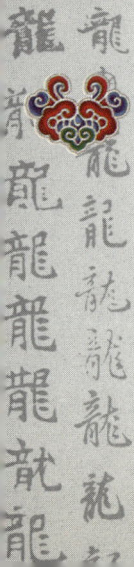

明 文徵明《滕王阁记》行草册页　　　元 赵孟頫《送瑛公住持隆教寺疏》

　　"龙"字是字形简化的象形字，来源于繁体龙字的右半部分的简化。最早见于隋代，从古代的碑帖中就可看出。

　　另外，很多人把简体的"龙"和"尨"字分不清，其实这两个字的形、音、义均不相同。"尨"是多音字，读"忙""萌""庞"或"龙"。音"忙"，是指多毛的狗，又指杂色。《汉武故事》："颜驷，不知何许人，汉文帝时为郎。至武帝，尝辇过郎署，见驷尨眉皓发。"此处的"尨眉皓发"是指眉毛黑白夹杂而头发雪白，形容人年迈的样子。

　　"龙"古通"尨"（音"忙"）和庞。简体字"龙"之所以和"尨"撇不清，主要是因为繁体的龙字右边变形之后就是这个尨字。

　　"龙"是个部首字，在汉语里，除了"龑"（简化字为"奱"，音"掩"）字，"龙"表意，其余的字，"龙"都只表声，作声符，没有实际意义。如：垄、龚、聋、袭、庞、宠、笼、拢、珑、陇等。有学者说，凡由"龙"所组成的字，都与"龙"或"大"有关，如"庞"。这不符合实际。"龙"作为声符，由于古今、方言的变化，同一"龙"字作声符，读音则相距甚远。如"咙"音"龙"，"庞"音"旁"，"袭"音"习"，读半边字，甚不可靠。

古代用"龙"字组成的词很多，仅从字面理解很容易搞错。如"龙孙"，在《前汉书平话》卷下："数内一人甚恶，却回常山王语：'你甚圣主？'常山王：'寡人龙孙，怎敢无理！'"是指帝王的后裔。但"龙孙"多数时候没有"龙子龙孙"的意思。唐代诗人李商隐的《过华清内厩门》："自是明时不巡幸，至今青海有龙孙。"诗中的"龙孙"是指一种骏马。而在北宋诗人梅尧臣的《韩持国遗洛笋》："龙孙春吐一尺芽，紫锦包玉离泥沙。""龙孙"成为"竹笋"的别称。《说郛》卷三一引《戊辰杂抄》："有大龙蜕于太湖之湄，其鳞甲中出虫，顷刻化为蜻蜓，朱色。人取之者病疟。今人见蜻蜓朱色者谓之龙甲，又谓之龙孙。"此处的"龙孙"又化身红色的蜻蜓。

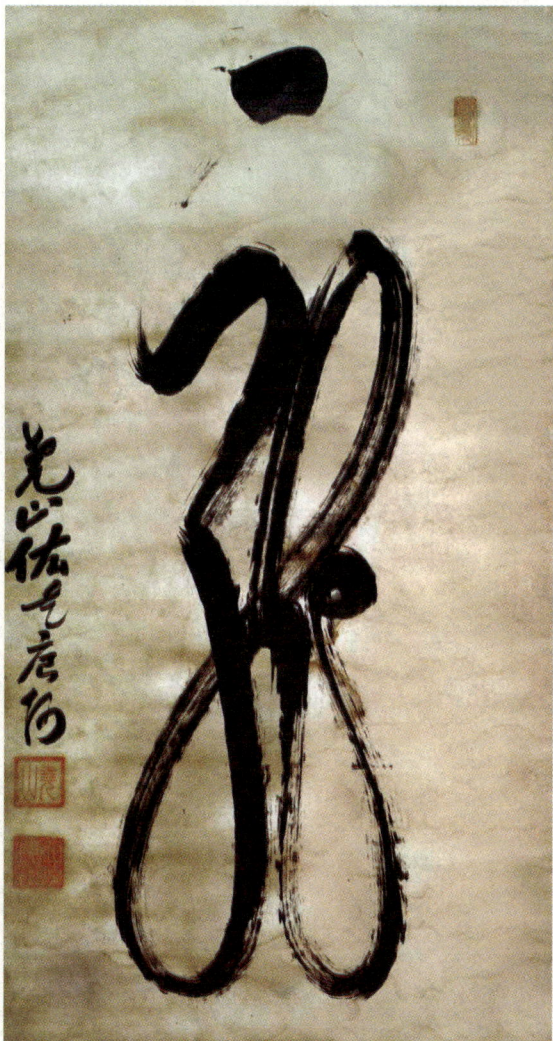

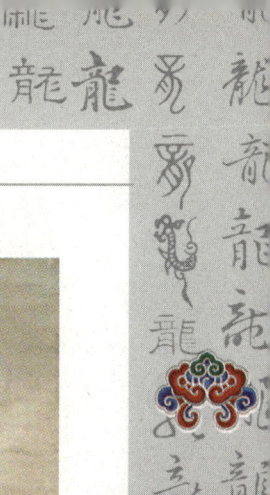

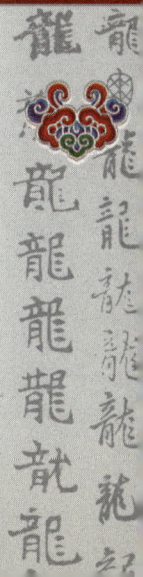

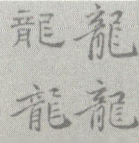

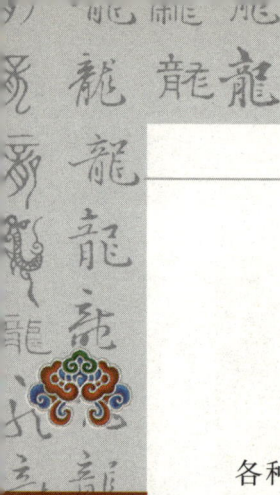

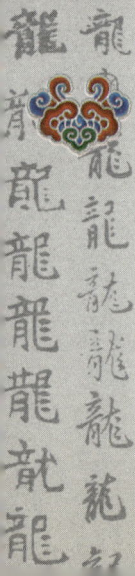

二、与龙有关的成语

　　与"龙"相搭配的成语非常多，最为群众喜闻乐见，并经常运用于形容各种社会生活中。

　　龙飞凤舞——原形容山势的蜿蜒雄壮，后也形容书法笔势有力，灵活舒展。

　　龙凤呈祥——指吉庆之事。

　　龙肝凤脑——比喻极难得的珍贵食品。

　　龙驹凤雏——比喻英俊秀颖的少年。常作恭维语。

　　龙马精神——龙马：古代传说中形状像龙的骏马。比喻人精神旺盛。

　　龙鸣狮吼——比喻沉郁雄壮的声音。

　　龙盘虎踞——盘：曲折环绕；踞：蹲、坐。好像盘绕的龙，蹲伏的虎。特指南京。亦形容地势雄伟险要。

　　龙蟠凤逸——如龙盘曲，如凤深藏。比喻有才能而没有人赏识。

　　龙蛇飞动——仿佛龙飞腾，蛇游动。形容书法气势奔放，笔力劲健。

　　龙生九子——比喻同胞兄弟品质、爱好各不相同。

　　龙腾虎跃——像龙在飞腾，虎在跳跃。形容跑跳时动作矫健有力，也比喻奋起行动，有所作为。

　　龙骧虎视——像龙马高昂着头，

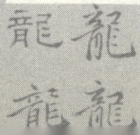

像老虎注视着猎物。形容人的气概威武，也比喻雄才大略。

龙行虎步——原形容帝王的仪态不同一般。后也形容将军的英武姿态。

龙血玄黄——比喻战争激烈，血流成河。

龙章凤姿——章：文采。蛟龙的文采，凤凰的姿容。比喻风采出众。

鱼质龙文——比喻虚有其表的人。

龙头蛇尾——比喻做事有始无终。

龙眉凤目——形容人的仪表英俊，气度不凡。

龙蛇混杂——比喻好人和坏人或能人和庸人混合在一起。

龙潭虎穴——龙居处的深潭，虎栖息的洞穴。比喻非常险恶的地方。

龙吟虎啸——像龙虎那样长吟长啸。形容声音高亢响亮。

龙跃凤鸣——神龙腾跃，凤凰长鸣。比喻才华出众。例：《世说新语·赏誉》："君兄弟龙跃云津，颜彦凤鸣朝阳，谓东南之宝已尽，不意复见褚生。"

龙争虎斗——形容斗争或竞争非常激烈。

乘龙快婿——乘龙：好比乘坐于龙上得道成仙。快婿：称意的女婿。旧时指才貌双全的女婿。也用作誉称别人的女婿。

笔走龙蛇——比喻草书的笔势矫健生动。李白："时时只见龙蛇走，左盘右蹙如惊电。"

白龙鱼服——白龙化为鱼在渊中游。比喻帝王或大官吏隐藏身份，改装出行。

暴腮龙门——像鱼仰望龙门而不得上一样。科举时代比喻应进士试不第，后也比喻生活遭遇挫折，处境窘迫。

藏龙卧虎——指隐藏着未被发现的人才，也指隐藏不露的人才。

画龙点睛——原形容梁代画家张僧繇作画的神妙。后多比喻写文章或讲话时，在关键处用几句话点明实质，使内容生动有力。

车水马龙——车像流水，马像游龙。形容来往车马很多，连续不断的热闹情景。

成龙配套——搭配起来，成为完整的系统。

打凤捞龙——凤、龙：这里指人才。比喻搜索、物色难得的人才。

伏龙凤雏——伏龙：卧龙，诸葛孔明。凤雏：庞士元。两人都是汉末三国时期著名的谋略家、军事家。后指隐而未现的有较高学问和能耐的人。

龟龙鳞凤——此四种神灵动物，象征吉兆。比喻稀有珍贵的东西，也比喻品格高尚、受人敬仰的人。

龟龙片甲——比喻无论巨细都搜罗进来的好东西。

活龙活现——形容神情逼真，使人感到好像亲眼看到一般。

骥子龙文——骥子：千里马；龙文：骏马名，旧时多指神童。后多比喻英才。

降龙伏虎——原是佛教故事，指用法力制服龙虎。后比喻有极大的能力，能够战胜很强的对手或克服很大的困难。

蛟龙得水——传说蛟龙得水后就能兴云作雨飞腾升天。比喻有才能的人获得了施展的机会，也比喻摆脱困境。

矫若惊龙——矫：矫健。常用于形容书法笔势刚健，或舞姿婀娜。

来龙去脉——本指山脉的走势和去向。现比喻一件事的前因后果。

老态龙钟——形容年老体衰，行动不灵便。

鲤鱼跳龙门——古代传说黄河鲤鱼跳过龙门，就会变化成龙。比喻中举、升官等飞黄腾达之事。也比喻逆流前进，奋发向上。

攀龙附凤——指巴结投靠有权势的人以获取富贵。

盘龙之癖——指爱好赌博的恶习。

烹龙炮凤——烹：煮；炮：烧烤。形容菜肴极为丰盛、珍奇。

前怕龙，后怕虎——比喻胆小怕事，顾虑太多。

强龙不压地头蛇——比喻有能耐的人也难对付盘踞当地的恶势力。

乔龙画虎——形容假心假意地献殷勤。

群龙无首——一群龙没有领头的。比喻没有领头的，无法统一行动。

人中之龙——比喻人中豪杰。

蛇化为龙，不变其文——比喻无论形式上怎样变化，实质还是一样。

神龙见首不见尾——原是谈诗的神韵，后比喻人的行踪诡秘，刚一露面又不见了。也比喻言辞闪烁，使人捉摸不透。

生龙活虎——形容活泼矫健，富有生气。

直捣黄龙——黄龙：即黄龙府，辖地在今吉林一带，为金人的腹地。一直打到黄龙府。指捣毁敌人的巢穴。

痛饮黄龙——原指攻克黄龙府，以酒祝捷。后泛指为打垮敌人而开怀畅饮。

屠龙之技——宰杀蛟龙的技能。

女娲补天斩龙

比喻技术虽高，但不实用。

土龙刍狗——泥土捏的龙，稻草扎的狗。比喻名不副实。

望子成龙——希望自己的子女能在学业和事业上有成就。

卧虎藏龙——指隐藏着未被发现的人才，也指隐藏不露的人才。

匣里龙吟——宝剑在匣中发出龙吟般的声响。原指剑的神通，后比喻有才的人希望被见用。

药店飞龙——飞龙：指中药龙骨。药店里的龙骨。比喻人瘦骨嶙峋。

叶公好龙——叶公：春秋时楚国贵族，名子高，封于叶（古邑名，今河南叶县）。比喻口头上说爱好某事物，实际上并不真爱好。

一龙一蛇——比喻人的藏处或出处，或显或隐，随着情况的不同而变更。

一龙一猪——一是龙，一是猪。比喻同时的两个人，高下判别极大。

一世龙门——一世：一代；龙门：后汉时李膺有重名，后起的文人有登门拜访的，称之登龙门。称文人所崇仰的人物。

游云惊龙——形容书法精妙。

鱼龙混杂——比喻坏人和好人混在一起。

鱼龙曼衍——原指各种杂戏同时演出。后形容事物杂乱，也比喻变化很多（含贬义）。

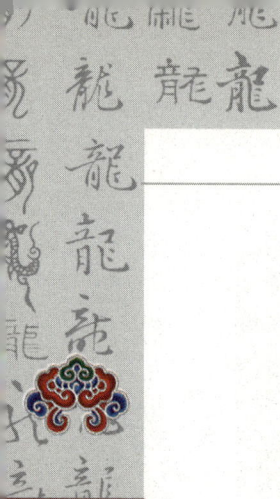

三、与龙有关的歇后语

龙王爷的横批——风调雨顺

龙王爷的宫殿——冷冰冰的

叶公好龙——自欺欺人

独眼龙观灯——一目了然

独眼龙看告示——睁只眼，闭只眼

自来水坏了龙头——放任自流

八月十五看龙灯——迟了大半年

唱戏的穿龙袍——成不了皇帝

大水冲了龙王庙——自家人不认识自家人

龙王爷亮相——张牙舞爪

龙王爷作法——呼风唤雨

龙王爷凑热闹——涨水

龙王爷出海——兴风作浪

河里划龙船——同心协力

跂龙头上搔痒——溜须不要命

烂板桥上的龙王——不是好东西

地里的蛐蟮——成不了龙

麻布袋做龙袍——不是这块料

余太君的龙头拐杖——有钱也买不到

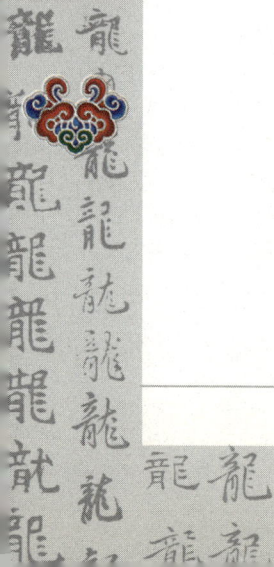

海龙王打哈欠——好大的口气

老龙王搬家——离海（厉害）

老龙王投江——死得其所

出了龙潭又入虎穴——祸不单行

国舅爷坐龙廷——借着香风上了天

独眼龙相亲——一眼看中

海龙王的喽啰——虾兵蟹将

海龙王吃螃蟹——敲骨吸髓

寒冬腊月摆龙门阵——冷言冷语

蛟龙造反——翻江倒海

蛟龙跌水——兴云作雨

蛟龙跌下水——兴云作浪

鲤鱼跳龙门——九死一生

鲤鱼跳龙门——碰碰运气

鲤鱼跳龙门——身价百倍

鲤鱼跳龙门——大翻身

鲤鱼跳龙门——想高升

龙王爷卖酸菜——穷神

龙王爷放水——正办

龙王爷动刀兵——里外都是水

龙王爷翻脸——要变天

龙王爷放火——改行

龙王爷过江——风大雨大

龙王爷打哈欠——口气不小啊

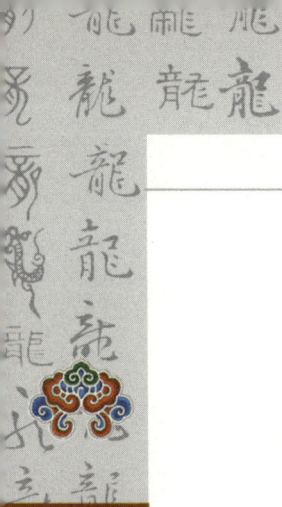

龙王爷打哈欠——神气十足

龙王爷放屁——有风有浪

龙王爷发怒——张牙舞爪

龙王爷打喷嚏——毛毛雨啦

龙王爷出海——虾兵蟹将紧随

龙王爷死了——要大旱三年呢

龙王爷高兴——海啸

龙王爷放屁——一股神气

龙王爷的儿子——也会下雨

龙王爷嫁闺女——少一个兴风作浪的

雷婆找龙王谈心——天涯海角觅知音

两个人舞龙——有头有尾

刘备三上卧龙岗——就请你这个诸葛亮

龙船上装大粪——臭名远扬

龙头不拉拉马尾——用力不对路

四海龙王动刀兵——里里外外都是水

跳蚤变龙种——冒牌货

蛟龙困在沙滩上——威风扫地

要饭的给龙王上供——穷人有个穷心

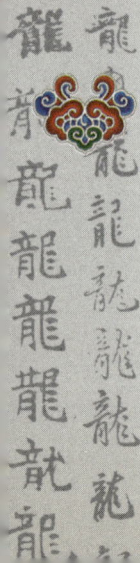

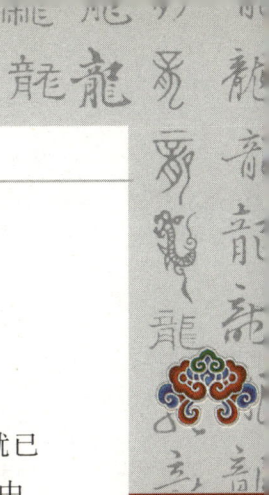

四、与龙有关的诗歌

诗歌是我国文学中出现最早的形式，在上古的诗歌集《诗经》中，就已有关于龙的描述："龙旗十乘""龙旗阳阳"，展示了在盛大的祭祀活动中，绘有龙纹的旗帜迎风猎猎的神圣庄严场面。

在春秋战国时兴起的楚辞中，龙也是诗人幻想咏颂的对象。伟大的爱国主义诗人屈原在脍炙人口的《离骚》中，以热情真挚的语句、丰彤荟蔚的修辞表现了他崇高的人格和强烈的忧国情怀。诗人讲到他因不见容于楚国的群小而欲上天去求贤女、圣妃时，幻想自己也如仙人那样驾起龙车在彩云中遨游："为余驾飞龙兮，杂瑶象以为车，何离心之可用兮，吾将远适以自疏。屯余车其千乘兮，齐玉绥而奔驰。驾八龙之婉婉兮，载云旗之委蛇。"大意为：为我驾起那矫健的飞龙，乘上玉与象牙装饰的车辆。心志不一岂能共处，我将自己离去，适彼远方！我的车队有千辆，排列整齐，队伍威武，隆隆驱驰。每辆车有八条蜿蜒的神龙牵曳，车上飘动着五彩的云旗。

在诗人的另一组诗《九歌》中，屈原将民间祀神的巫歌进行了艺术的加工，注入了自己挚热的情感，使诗句充满了奇幻瑰丽的浪漫色彩和慑人的魅力。诗

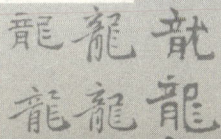

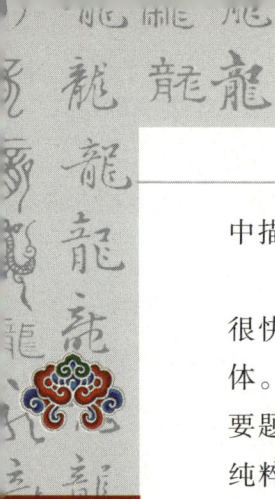

中描写的仙人大都有驾龙的神车，因而诗中有不少涉及龙的诗句。

　　汉以后，赋体流行。由于得到汉代帝王特别是汉武帝的倡导，赋体发展很快，但同时内容与风格上却变得绮丽空虚、百般铺陈，成了歌功颂德的文体。汉及汉之后瑞符之说大行，而瑞符又以龙为最，于是龙成了赋歌咏的主要题材。唐宋时期的赋中也不时出现所谓的"龙赋"，但大都空洞无物，有的纯粹是一种阿谀，艺术上也无甚可取之处。只有个别大家手笔的龙赋别有一番气象，如白居易的《黑龙饮渭水赋》，尽管完全是诗人的想象，但给人栩栩如生、神态毕现之感，有相当的文学价值。宋王安石作《龙赋》，以龙喻人，别开生面。

　　在古代七言与五言诗歌中，直接咏龙的不多见。《全唐诗》仅录唐初李峤一首："衔烛耀幽都，含章拟凤雏，西秦饮渭水，东洛荐河图。带火移星陆，升云出鼎湖，希逢圣人步，庭阙正晨超。"北宋韩崎也有咏龙诗一首："育德知何宅，逢辰或见灵。配乾虽有象，作解本无形。浃物周寰宇，遗功在沓冥。丹青如可状，试下叶公庭。"

　　这类龙诗在内容与艺术上都没有多少可取之处。倒是一些描写与"龙"有关的自然现象和民俗活动的诗，由于作者有细致的观察，显得生动、真实、细腻，有较高的艺术性。如宋欧阳修的《百子坑赛龙诗》，主要写民间祈雨，诗人先写降雨情形，然后写祈雨得验、农民万分欢欣的场面："明朝老农拜潭侧，鼓声坎坎鸣山隅，野巫醉饱庙门合，狼藉乌鸟争残余。"场景活灵活现。再如陆游的《龙挂》诗："成都六月天大风，发屋动地气势雄。黑云崔嵬行风中，凛如鬼神塞虚空。霹雳迸火射地红，上帝有命起伏龙。龙尾不卷曳天东，壮哉雨点车轴同。山摧江溢路不通，连根拔出千尺松。未言为人作年丰，伟观一洗芥蒂胸。"龙卷风那种令人惊悸的气势和破坏力跃然纸上。

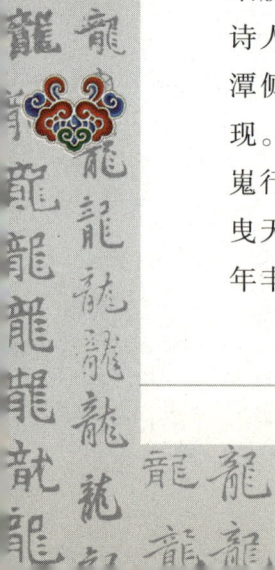

离骚

战国·屈原

为余驾飞龙兮，杂瑶象以为车。

何离心之可用兮，吾将远逝以自疏。

屯余车其千乘兮，齐玉轪而并驰。

驾八龙之婉婉兮，载云旗之委蛇。

神龙赋

东汉·刘琬

大哉龙之为德，变化屈伸，隐则黄泉，出则升云，圣贤其似之乎！

惟天神上帝之马，含胎春夏，房心所作，轩照形角尾规矩。

龙瑞赋

三国魏·刘劭

岁在析木，时惟仲春；灵威统方，勾芒司辰。

阳升九四，或跃于渊，有蜿之龙，来游郊甸。

应节合义，象德效仁；纤体肇萦，擒藻布文。

青耀章采，雕琢璘玢；燦若罗星，蔚若翠雲。

光舄弈以外照，水清景而内分。圣上观之无射，左右察之既精；

聊假物以拟身，忽神化而无形。泉含物而不澹，固保险而常宁。

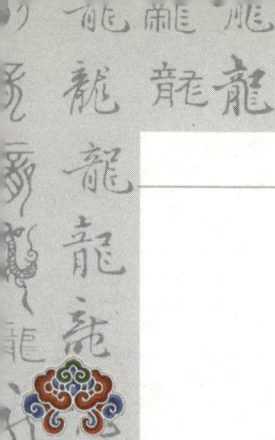

青龙赋（并序）

三国魏·缪袭

盖青龙者，火辰之精，木官之瑞。

懿矣神龙，其知惟时。览皇代之云为。袭九泉以潜处，当仁圣而觌仪。应令月之风律，照嘉祥之赫戏。敷华耀之珍体，耀文采以陆离。旷时代以稀出，观四灵而特奇。是以见之者惊骇，闻之者崩驰。观夫仙龙之为形也。盖鸿洞轮硕，丰盈修长。容姿温润，蝼蜿成章。繁蛇虬蟉，不可度量。远而视之，似朝日之阳。迩而察之，象列缺之光。燆若鉴阳，和映瑶琼。对若望飞，云曳旗旌。或蒙翠岱，或类流星。或如虹之垂耀，或似红兰之芳荣。焕璘彬之瑰异，实皇家之休灵。奉阳春而介福，赉乃国以嘉祯。

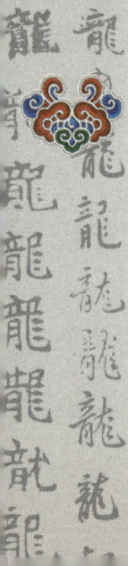

潜龙诗

三国魏·曹髦

伤哉龙受困，不能越深渊。
上不飞天汉，下不见于田。
蟠居于井底，鳅鳝舞其前。
藏牙伏爪甲，嗟我亦同然！

龙　铭

西晋·傅玄

丽哉神龙，诞应阳精。
潜景九渊，飞曜天庭。
屈伸从时，变化无形。
偃伏汙泥，上凌太清。

烛龙赞

东晋·郭璞

天缺西土，龙衔火精。
气为寒暑，眼作昏明。
身长千里，可谓至灵。

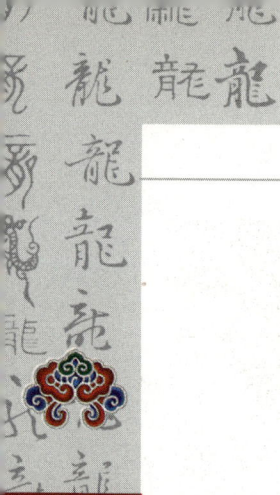

蛟 赞

东晋·郭璞

匪蛟匪龙，鳞采晖焕。

腾濯涛波，蜿蜒江汉。

汉武饮羽，佽飞叠断。

龙

唐·李峤

衔烛耀幽都，含章拟凤雏。

西秦饮渭水，东洛荐河图。

带火移星陆，升云出鼎湖。

希逢圣人步，庭阙正晨趋。

黑潭龙

唐·白居易

　　黑潭水深黑如墨，传有神龙人不识。潭上驾屋官立祠，龙不能神人神之。丰凶水旱与疾疫，乡里皆言龙所为。家家养豚漉清酒，朝祈暮赛依巫口。神之来兮风飘飘，纸钱动兮锦伞摇。神之去兮风亦静，香火灭兮杯盆冷。肉堆潭岸石，酒泼庙前草。不知龙神享几多，林鼠山狐长醉饱。狐何幸？豚何辜？年年杀豚将喂狐。狐假龙神食豚尽，九重泉底龙知无？

黑龙饮渭水赋

唐·李峤

　　尔其矫首陆梁，拖尾回翔蹈流，鸣跃劈波腾骧。饮清澜之澹澹，喷素浪之汤汤；颔而碎珠迸落，奋鬐而细雨飞扬；詟水族则鳣鲔奔走，骇泉室则鼋鼍伏藏；信可符帝王之度，叶邦家之光；表三秦之嘉瑞，呈二汉之祯祥。

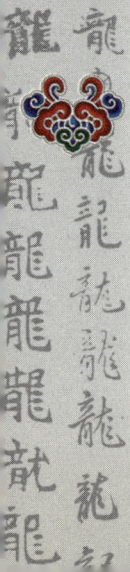

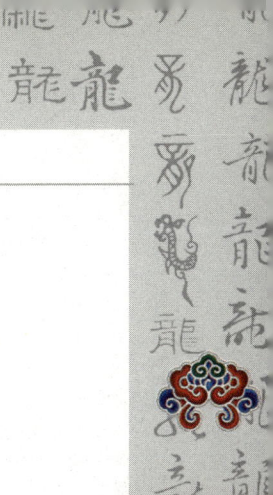

龙　移

唐·韩愈

天昏地黑蛟龙移，雷惊电激雄雌随。

清泉百丈化为土，鱼鳖枯死吁可悲。

海客探骊珠赋

唐·张随

灵海汹汹，爰有泉兮，其深九重，中有明珠。上蟠骊龙，难犯之物兮不可触，希代之宝兮不可逢。刿鬎沦之莫究，曷揭厉之能从，爰有海客，贲然来適，利实诱衷，举无遗策。乃顾而言曰："见机而作，未索何获。我心苟专，而至宝可取。我力苟定，而洪波可擘。"既览川媚之容，遂探夜光之魄。伊彼勇者，吁可骇也；俯身于碧沙泉底，挥手于骊龙颌下，所谓明浅深断取舍而已。观其发迹潜往，澄神默想，俄径寸以盈握，倏光辉而在掌。初辞碛砾，讶潭下星悬；稍出涟漪，谓川旁月上。鄙鲛人之慷慨，殊赤水之罔象。然则冒险不疑，怀贪不思，幸窃其宝，幸遭其时。向使龙目不寐，龙心自欺，则必夺尔魄，啖尔肌。救苍黄之不暇，何采掇而得之？想夫人不亦危矣！验乎事良亦凄其。则知计非尔久，利非尔有，必以其道。亮自至而无胫，是忽其生，奚独虞于伤手？亦犹贪夫狥财，自贻伊咎，君子远害，惟俭是守。是故车乘见骄于宋客，骊珠垂诫于庄叟。于戏！我躬不保，虽宝谓何？彼险不陷，虽珍则那。子产常讥于狃水，仲尼昔叹于凭河，因政则来格，感恩则匪他。汉武受报于昆明之岸，孟尝反辉于合浦之波，岂与彼而同科哉！骊龙之泉，物不敢入。纬萧之子，一以何急？其父乃锻其珠，勖其习，能往也可及，不能往也不可及。

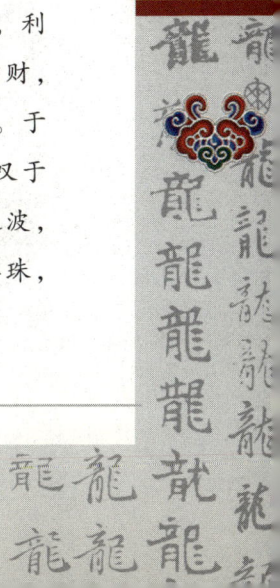

云从龙赋

唐·张随

　　山川之气曰云，寂尔虚无，倏尔韬映。虽无心而既出，终有感而协庆。鳞虫之长曰"龙"，道符于神，德合于圣。时变化而无极，在阴阳而应令。是知云为佐，龙为主，龙无云不可以陟烟霄，坛无龙不可以降时雨。始霭霭于山泽，俄骎骎于天宇。有若鱼水相须，君臣夹辅而已。原夫或跃在泉，道契元默，未始出岫，时有通塞。及夫顺天地之功，赞生成之德，吟空山而奋扬其状，触幽石而蓊渤其色。然后蹈乎寥廓，自彼南北，何往而不济？何施而不得？润万物岂待崇朝，控千里才逾瞬息。故曰"气感则应，有开必先"。臣良而圣主垂拱，云起而飞龙在天。以类相从，罕闻不合，惟后作义，孰曰非贤！是以殷丁得其傅说，吉甫佐于周宣。品物咸泰，寰海晏然，则云龙之义明矣！君臣之道一焉。于以辨物理，于以通人伦；运有智分事有因，如羽翼之相假，同股肱之相亲。则当今得贤共理，岂不冠前代之君臣？

叶公好龙赋

唐·张随

惟彼龙兮，潜水府，翔天路，何叶公之多尚，独神物之是慕？假手于绘，对蜿蜒以好之；其形在堂，俄悯恍而反惧。初其终朝念兹，窬寐求之，嗟蔡氏之莫遇。望云津之远而，载雕其宇，爰写其姿，周屋壁，环阶墀。辉辉之章，不离其行坐；矫矫之质，常在于梦思。至于春风启序，自暄而暑，则谓仰重阴而可仁；雨歇云收，杳不知其处所。其求虽阻，其志无沮。及其寒律方凝，自霜而冰，则谓窥潜壑而可徵；天高日朗，空有见于泓澄。其睹未能，其诚益增。

既而天纵其欲，物应其好，龙乃拖其尾而登其堂，矫其首而窥其奥。垂锦带，张翠鳞，光流电转，声发雷振；起云而栋凝积气，乘水而庭若通津。而况于斯人，得不挠其性而骇其真？触类而广，可明其徵。惟龙也，世好之必归；惟士也，国招之必依。姑务乎辨真去伪，宁求乎似是而非。故好龙如之何，期真假无变；好士如之何，在贤愚无眩。蜿蜒之状，且逢子高之仪；堂堂之贤，莫失哀公之眷。勉矣！凡今君子，必审之于闻见。

骊　龙

唐·无名氏

有美为鳞族，潜蟠得所从。

标奇初韫宝，表智即称龙。

大壑长千里，深泉固九重。

奋鬐云乍起，矫首浪还冲。

荀氏传高誉，庄生冀绝踪。

仍知流泪在，何幸此相逢。

龙　潭

唐·韦应物

石激悬流雪满湾，五龙潜处野云闲。

暂收雷电九峰下，且饮溪潭一水间。

浪引浮槎依北岸，波分晓日浸东山。

回瞻四面如看画，须信游人不欲还。

咏　龙

唐·裴铏

亦知清戒守仙规，燕血尘埃岂嗜宜。

自许身躯脱梭木，淹从螭蛟困拳池。

为虚化实是何日，弃甲成林会有时。

已笑痴儿执凡铁，驱云驾雾奈何之。

武林山十咏·龙泓洞

宋·梅询

矫矫渊下龙，潜神在灵府。

云卧虽有时，泥沙可长处。

阴崖寒气腥，峭壁烟痕古。

龙 溪

北宋·欧阳修

潺潺出乱峰，演漾绿萝风。

浅濑寒难涉，危槎路不通。

朝云起潭侧，飞雨遍江中。

更欲寻源去，山深不可穷。

百子坑赛龙诗

北宋·欧阳修

嗟龙之知谁可拘，出入变化何须臾。

坛平树古潭水黑，沉沉影响疑有无。

四山云雾忽昼合，鳖起直上拏空虚。

龟鱼带去半空落，雷訇电走先后驱。

倾崖倒涧聊一戏，顷刻万物皆滋濡。

青天却埽万里静，但见绿野如云敷。

明朝老农拜潭侧，鼓声坎坎鸣山隅。

野巫醉饱庙门合，狼藉乌鸟争残余。

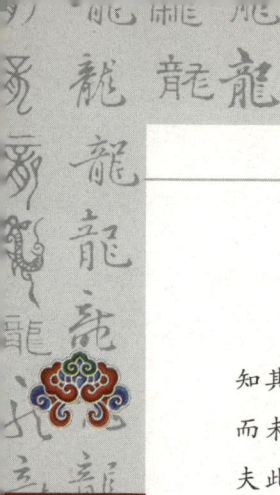

龙　赋

北宋·王安石

　　龙之为物，能合能散，能潜能见，能弱能强，能微能章。惟不可见，所以莫知其乡；惟不可畜，所以异于牛羊。变而不可测，动而不可驯，则常出乎害人；而未始出乎害人，夫此所以为仁。为仁无止，则常至乎丧己；而未始至乎丧己，夫此所以为智。止则身安，曰惟知几；动则物利，曰惟知时。然则龙终不可见乎？曰：与为类者常见之。

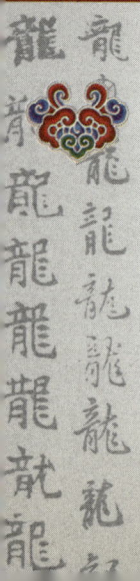

龙

北宋·丁谓

不操千金宝，思观九色虬。

负图钟上圣，衔烛照穷幽。

但仰飞天大，宁闻战野忧。

沃焦须霈泽，莫道我无求。

北苑十咏·龙塘

北宋·蔡襄

泉水循除明，中坻龙矫首。

振足化仙陂，回睛窥画牖。

应当岁时旱，嘘吸云雷走。

龙湫歌

南宋·陆游

环湫巨木老不花，龠沦千尺龙所家。

爪痕入木欲数寸，观者心掉不敢哗。

去年大旱绵千里，禾不立苗麦垂死。

林神社鬼无奈何，老龙欠身徐一起。

隆隆之雷浩浩风，倒卷江水倾虚空。

鳞间出火作飞电，金蛇夜掣屠云中。

明朝父老来赛雨，大巫吹箫小巫舞。

祠门人散月娟娟，龙归抱珠湫底眠。

祥龙祝寿圆

龙 挂

南宋·陆游

成都六月天大风，发屋动地气势雄。

黑云崔嵬行风中，凛如鬼神塞虚空。

霹雳迸火射地红，上帝有命起伏龙。

龙尾不卷曳天东，壮哉雨点车轴同。

山摧江溢路不通，连根拔出千尺松。

未言为人作年丰，伟观一洗芥蒂胸。

咏 龙

南宋·舒岳祥

予先人墓在香岩，有湫二。湫常现一龙，时显时隐。世传古有樵人见有老人坐石上，近之即隐。又尝有两龙鬐现水中，大如象鼻，水沸激而上，复流湫中，水不盈也，因号其山为龙须山。今名龙舒，以下多舒姓也。

曾见老人潭上坐，忽然不见石泓深。

至今月白风清夜，潭底时闻似笛吟。

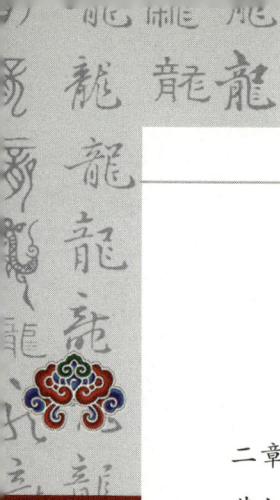

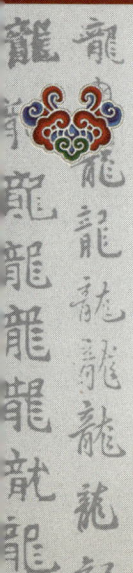

蛟龙歌

南宋·何梦桂

蛟峰先生以《猩猩歌》《鸡雏吟》二章见寄，所以兴起人心，维持世教，甚切切也。其发明比兴，已无余蕴，后有作者，无能再出新意矣。今辄以《蛟龙歌》答赋《猩猩歌》，《希有鸟吟》答赋《鸡雏吟》。前章以招蛟峰先生之心，后章以广可庵老子之意。

生物具角齿，每每与物抗。蹈阱虎以刚，触藩羊以壮。世间怪物有蛟龙，三百六十虫之长。神灵出嘘吸，变化互来往。布爪曾云兴，鼓鬐电放。无欲不受刘累驯，假形岂被叶公诳。时飞则飞潜则潜，所以随时知得丧。莫道鱼虾性不灵，相依煦沫岂敢嗔。江濆鳣鲸久失水，闻此鼓舞咸相亲。世无刑醢受，时非法网秦。然匪藉余荫，安能逃世人。亡象齿与革，亡猩血与唇。有身即有患，谁能无其身。安得此身化为云，随龙上下云无心。

咏龙诗

金·完颜亮

蛟龙潜匿隐苍波，且与虾蟆作混和。
等待一朝头角就，撼摇霹雳震山河。

画龙歌

明·周是修

云如车轮风如马，雷鼓砰訇电旗奓。
其中踊跃何尔为，无乃蜿蜒作霖者。
古来善画此者谁？叶翁所画称最奇。
笔端挥洒绝相似，亦有风云雷电随。
大梁徐公生卓荦，自少以来深好学。
挥毫洒墨运天机，鬼泣神愁日光薄。
斯须缟素腾真龙，莽苍直夺造化工。
恍如列缺引霹雳，欻若巽二驱丰隆。
枯木槎牙头角露，鳞拂雪花骇成怒。
划然威掣海门开，劲望层空欲飞去。
我时见画心胆豪，拔剑起舞翻绒袍。
波涛万顷东溟阔，瘴烟千丈南衡高。
嗟哉徐公天相尔，后恐无继前无比。
酒酣神气益洒然，白日风云窗户起。
为君一作画龙歌，雷风激烈云嵯峨。
鱼虾混处不可久，龙兮龙兮奈尔何！

王道士画龙歌

清·吴廷华

朝天宫里老居士，曾走方壶探弱水。
收拾灵怪入笔端，先学小仙役道子。
等闲不肯轻挥毫，不称神画称酒豪。
求画定载一石酒，一斟一酌心陶陶。
酒酣兴发重引满，左执酒杯右执管。
千纸万纸顷刻成，牛鬼蛇神态怪诞。
落笔好写蛟龙图，腾身时作龙跃跃。
神来拂纸一挥霍，笔势早已凌云衢。
东邻老翁冬作屋，四壁白板新斩木。
板间双节点漆圆，炯炯有光若张目。
居士就目作龙形，攫挐夭矫龙如生。
草屋时时作云气，爪牙鳞角生光明。

一朝风雨晚大作，雷轰电制火欲灼。
雨止已失龙所在，眼眶空洞如椎凿。
一时画龙俱无存，素幅不见笔墨痕。
当是乘云各飞去，成群引队翔天门。
自古画龙夸神助，叶公泯没僧繇著。
叶公画龙龙飞来，僧繇画龙龙飞去。
画笔龙来龙笑人，画龙龙去龙乃真。
真龙即在三寸管，取多用宏推通神。
层士画不恃烘染，妙技肯为古人掩？
精神凝聚生色相，睛自能飞何待点。
居士本是神仙宗，画图偶尔留遗踪。
仙踪渺渺不可即，吾知居士其犹龙。

一〇七

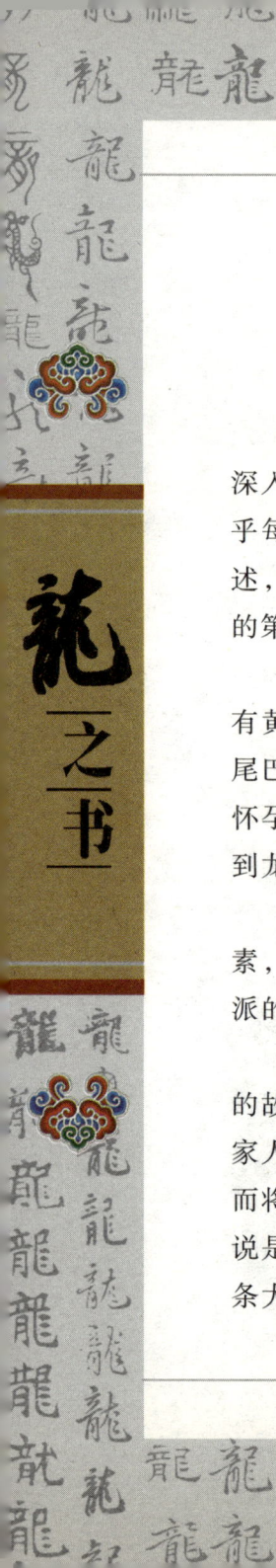

五、与龙有关的传说和故事

古人把龙看成神物、灵物，而且变化无常，能细能巨，能短能长，既能深入水底，亦能腾云登天。关于龙的传说或故事，在中国古代经典著作中几乎每一本书都有，不胜枚举。经典如《易经》，便将龙作了一完整系统的论述，并赋以哲学的含义。八卦中整体用龙来说明的就是乾卦，也是《易经》的第一卦。

除此之外，历朝历代都不断有龙的传说和神话出现，上至黄帝时代，便有黄帝乘龙升天、应龙助黄帝战胜蚩尤的传说；夏禹治水，传说便有神龙以尾巴画地成河道，疏导洪水；汉高祖刘邦，传说便是其母梦见与赤龙交配而怀孕出生。从许多故事和传说中看到人们常把各种美德和优秀的品质都集中到龙的身上。

当然，传说里有义龙为善，便自然亦有恶龙为祸。随着佛教的传入等因素，民间对龙王的形象有了改变，作为道教传统之一的龙王，亦开始出现反派的角色。

在中国不少以"龙"字命名的地方亦有龙的传说，其中亦不乏恶龙肆虐的故事。就像黑龙江，传说以前便有白龙为祸，后来江边的一个村中，有一家人临产，并诞下了一条黑龙。黑龙帮助当地人除掉白龙，人们为纪念黑龙而将江取名黑龙江。四川省的九寨沟有一卧龙湖，湖底有一奶黄色石梁，传说是白龙的化身。九寨沟附近有两条大河，一条叫黑水河，传说以前住着一条大黑龙；一条叫白龙江，住着一条小白龙。传说黑龙因妒忌九寨沟的风光而将那里的水吸干，小白龙知道后，便将白龙江的水喷洒到九寨沟，恢复其美景。黑龙知道后便跟白龙展开恶斗，黑龙在不敌时使计放毒，小白龙被逼逃到九寨沟其中一个湖泊中。黑龙为查白龙的下落而惊动了藏族的万山之神，最后被山神所囚，不能再作恶。万山之神为表彰白龙而给它一套金黄色的铠甲，这就是卧龙湖的传说。

在中国古代小说中，龙也是个重要角色。中国小说源于志怪与传奇，而志怪传奇又与古代的神话传说有渊源，因此神话中的龙也就进了小说。较早的有《搜神记》《续玄怪录》《宣室志》等，最精彩的是李朝威所著的《柳毅传书》。

红山文化的玉制品

《柳毅传书》写书生柳毅落第回乡，途经泾阳遇一龙女，龙女受夫家虐待，被赶到荒野上牧羊。柳毅同情龙女，代为传信给其父洞庭君。洞庭君之弟钱塘君性暴烈，见信大怒，径赴泾阳，将龙女夫家人杀死，救出龙女，并要将龙女嫁给柳毅。因钱塘君言辞傲慢，柳毅拒绝。龙女爱慕柳毅，遂变换容貌，托名卢氏女，与柳毅终成眷属。小说想象丰富，情节曲折浪漫，对龙女与钱塘君的刻画极为生动。这一故事广泛流传，以此为蓝本改编的戏曲元、明、清三代皆有。

明代神魔小说兴盛，小说对龙的描写及其情节多掺杂了佛、道的内容，

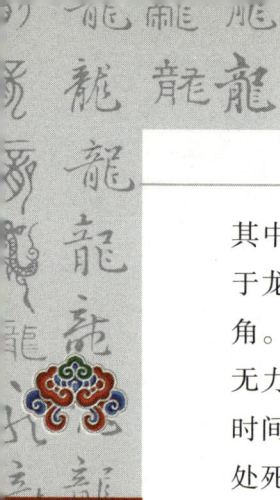

其中的龙往往是作者谴责、戏谑、嘲讽的对象。在《西游记》中，有许多关于龙的描写以及龙的故事。不过，龙王在《西游记》中只是个配角，甚至是丑角。孙悟空大闹的就是大家熟识的东海龙王敖广的龙宫，四海龙王面对孙悟空无力反抗，只能战战兢兢地献上定海神针如意金箍棒、黄金甲等宝物，而出场时间也寥寥可数。而西海白龙王敖闰的三太子因为放火烧了龙宫，差点被玉帝处死，幸好被观音菩萨所救，成了唐三藏西天取经的坐骑——白龙马。

除了在《西游记》中提及过四海龙王外，另一部章回小说《封神榜》中亦有龙王出现。《封神榜》（又叫《封神演义》），是以周武王讨伐商纣王的故事为主干，描述姜子牙封神的故事。龙王在《封神榜》中的角色，跟在《西游记》中一样，是配角、丑角。在《封神榜》中，哪吒扮演了孙悟空在《西游记》中的角色。顽劣的哪吒不知自己身上带着的肚兜和腕镯是仙人的宝贝，在九河湾洗澡时将肚兜放在水中，震动了东海龙王的水晶宫。东海龙王敖广派人调查，但派去的人却被顽劣的哪吒打死了。敖广再派自己的三太子调查，三太子不但被哪吒杀了，还被剥皮抽筋。最后敖广向哪吒父亲李靖兴师问罪，并声言要向天帝奏告。哪吒心里不服气，将在路上的敖广追上揍了一顿。四海龙王向天帝上奏此事，李靖一家被解上天庭审判。哪吒一人做事一人当，剖腹剜肠、剔骨肉还父母，这才平息了此事。哪吒在师傅太乙真人的帮助下复活，并担当了武王伐纣战争中的先锋。在这以后，《封神榜》中便没再提到龙王。

清代小说现实主义艺术倾向强烈，出现了《红楼梦》这样的鸿篇巨制，以神魔为角色的小说急剧衰落。龙遭到冷落，只有蒲松龄的《聊斋志异》有十余篇与龙有关。然多为掇拾乡间市井之语，加以艺术加工，因蒲氏文笔精练生动，描写神韵盎然，倒也十分精彩。

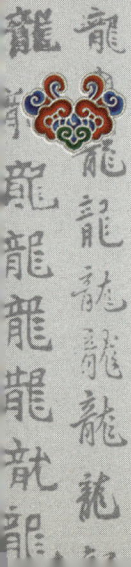

1. 画龙点睛

　　南朝梁代著名书画家张僧繇擅写真、项道人物，亦善画龙、鹰、花卉、山水等。擅作人物故事画及宗教画，时人称为超越前人的画家。梁武帝好佛，凡装饰佛寺，多命他画壁。所绘佛像，自成样式，被称为"张家样"，为雕塑者所模仿。张僧繇的画活灵活现，画的东西跟真的一模一样。甚至有人说他画的动物真的能活过来。有一次，他到一个地方去游览，兴趣来了，就在金陵安乐寺庙的墙壁上面画了四条龙，可是没有画眼睛。有人就问他："你为什么不画龙的眼睛呢？"他回答说："眼睛是龙的精髓，只要画上眼睛，龙就会飞走的。"大家哈哈大笑起来，认为他是个疯子。没想到他提起画笔，运足了气力，刚给两条龙点上眼睛，立刻乌云滚滚而来，电闪雷鸣，两条蛟龙腾空而起，人们惊得目瞪口呆。后来"画龙点睛"这个成语用来比喻讲话或写文章、画画时，一两句关键的话或一两笔关键的笔画会使其立刻生动起来。

2. 叶公好龙

相传春秋时楚国人沈诸梁，在叶地当县尹，他爱龙成癖，他身上佩带的钩剑、凿刀等武器上都饰有龙纹，家里的梁柱门窗上都雕着龙，墙上也画着龙。叶公爱好龙的名声传扬四方。

上界的天龙听说人间有这么一位叶公对它如此喜爱，决定到人间走一遭向叶公致谢。天龙把头伸进窗口，而尾巴一直伸到堂屋。叶公一见，吓得面如土色，魂飞魄散，夺门而逃。原来，叶公并不是真的爱好龙，他爱的不过是似龙非龙的东西而已。

叶公的名气源于这个"叶公好龙"的故事，因而世人大多只知其虚构的事，但不知其真实的人。

历史上叶公确有其人，姓沈名诸梁，字子高，因被封于叶而世称叶公。他驻守的叶邑当时所辖地域广至徐州以南，实际上是楚国的北方屏障，而叶公则是楚国北边的封疆重臣。公元前489年，楚昭王死后惠王继位，白公胜起兵反叛，将惠王逐出朝廷，禁于高府，引起国内大乱。叶公挺身而出，调集众兵赶往楚都，救出惠王，追杀叛贼，平定内乱。叶公因之受封为令尹兼司马，集楚国军政大权于一身。在其辅政期间，楚国重振雄威，再度踏上中兴之路。待楚国盛世太平之时，叶公奏请惠王准其告老返叶，当时才53岁。

叶公主政叶邑期间，亦颇有政绩。如今叶县境内原筑的东陂、西陂大型水利工程遗址尚在，渠水尚流，即为叶公亲率军民而兴建。2000多年来，叶人深受其益，为感谢这位先贤的千秋功德，至今仍有一渠被称为"叶公渠"，由此可见其施政惠民之一斑。叶公逝于惠王51年，活到了89岁高寿。其子孙后代亦人丁兴旺，如今的叶姓和部分沈姓人家多奉其为始祖。

综观叶公这一辈子，有过救亡兴国、扭转乾坤的显赫功勋，也有过惠及万民、泽被千秋的不朽业绩。如日中天之时，却急流勇退，淡泊处世，怡然康宁地活到老寿星份上。着实活得卓然出色，又超然洒脱。他活出了儒家们崇尚的"达则兼济天下，穷则独善其身"的理想之境，也活出了道家们追求的"功成、名遂、身退"的圆满人生。

然而，他怎么也不会想到几百年后，一则丑陋的笑料竟抹到了他的身上。这便是汉代大儒刘向杜撰的《叶公好龙》。在寓言中，一个威武骁勇的战将，成了胆小如鼠的怯懦汉；一个浩然正气的义士，成了口是心非的伪君子。

叶公遭此厄运的原因很简单：他得罪了一个万万不可得罪的人！此人便是被后世尊奉为"至圣先师"的孔子。《史记》载，公元前489年，孔子"自蔡入叶"，与叶公相见。这本来可算得上是一件盛事，不料交谈中却发生了争执。《论语·子路》载："吾党有直躬者，其父攘羊，而子证之。"孔子

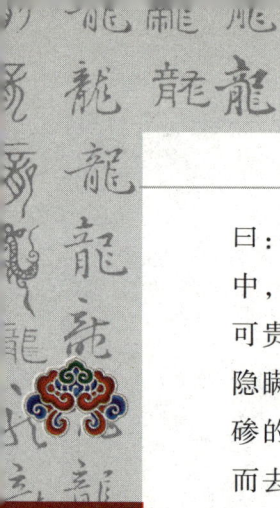

曰："吾党直躬者异于是，父为子隐，子为父隐，直在其中矣。"在这次争执中，孰是孰非是显而易见的：父亲偷了人家的羊，儿子出面作证，这无疑是可贵的"直躬"之举。孔子却"异于是"，认为老子或儿子有过，应该是互相隐瞒，互相包庇，这才叫正直的人。叶公对此不免嗤之以鼻。而当时颇为寒碜的孔老夫子，面对这位显赫政要的冷落，也真的没辙，只有翘起胡子悻悻而去。结果一场盛事弄了个不欢而散。

但颇为滑稽的是，一生寒酸的孔老先生，死后却渐渐大红大紫起来，到了汉武帝推行"罢黜百家，独尊儒术"之后，竟被抬举到"至圣先师"的尊位，他那些对叶公一直耿耿于怀的徒子徒孙们，终于有了泄愤的时机。在《叶公好龙》这个故事里，掩去了当年争执的"理"，偷换成一个与事实原委不沾边的讽喻：你叶公不是到处标榜喜爱人才吗？真正的旷世之才孔子远道而来，你却不敢接纳，拒之门外，实乃口是心非的伪君子也！

这虽然看似一个历史的悖论，但又实在是一个历史的必然：千百年来，以儒教为大一统的中国历史文化中，"畏天命、畏大人之言、畏圣人之言"是它的法定天条。孔子既已戴上了圣人的光环，他的所言所行便是不容置疑的对。你叶公是否有理已无须分辩，只要与圣人之言相背就一准是错。在这个铁的逻辑面前，除了自认倒霉，还有何言呢？

3. 屠龙之技

战国《庄子·列御寇》载："朱泙漫学屠龙于支离益，单千金之家。三年技成，而无所用其巧。"讲的是有个叫朱泙漫的人一心想学一门别人都不会的绝技，他听说支离益会宰龙，心想：这可是世上罕见的本领。于是他就去拜支离益做老师。他学呀学，学了整整三年，把家产都折腾光了，才把宰龙的本领学到手。

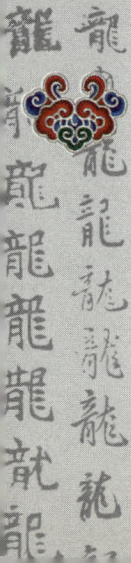

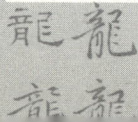

三年后学成归来，他给人介绍如何杀龙的方法，大家都很羡慕他，孩子们都争相看他的屠龙宝刀。可是本领学到手又有什么用呢？天下根本没有龙可杀，他那绝妙的本领到哪儿去施展呢？

4. 乘龙快婿

　　春秋时候，秦穆公有个小女儿名叫弄玉，善于吹笙，居住于凤台。弄玉公主长到十几岁，姿容无双，聪颖绝伦，但性情孤僻，尤其厌恶宫里繁琐的礼仪。她经常一个人呆在深宫里，品笛吹笙。穆公欲为女儿召邻国王子为婿，将来可做国君夫人。但弄玉不从，自有主张，若不是懂音律、善吹笙的高手，弄玉宁可不嫁。穆公珍爱女儿，只得依从于她。

　　有一天，弄玉在凤台上吹笙，忽然有人唱和。晚上便梦见一个俊朗男子骑彩凤从天而降，立于凤台之上，告诉弄玉："吾乃太华山之主，上天命我与你结婚，在中秋那天相见。"说罢，便解腰间玉箫，倚栏吹之，彩凤也附和鸣叫起舞。弄玉第二天醒来后，便派人到华山

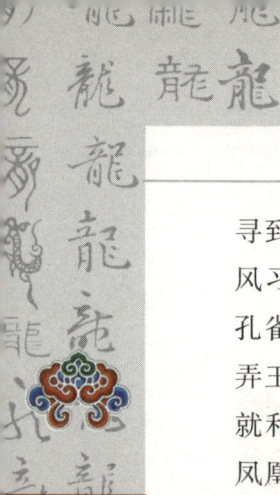

寻到一男子，名为萧史。于是在中秋之夜，萧史为穆公吹箫，"才品一曲，清风习习而来；奏第二曲，彩云四合；奏至第三曲，见白鹤成对，翔舞于空中，孔雀数双，栖息于林际，百鸟和鸣，经时方散。"穆公听罢大悦，遂赐萧史与弄玉成婚。从此萧史就教弄玉吹箫学凤的鸣声。学了十几年，弄玉吹出的箫声就和真的凤凰的叫声一样，甚是动听。为此，秦穆公还专门为他们建造了一座凤凰台。萧史、弄玉就住在那里。

一日，萧史对公主说起自己很怀念华山的幽静生活，公主也表示早已厌倦宫廷生活，两人便生离去凡尘隐居之心。在某天夜里，弄玉夫妇在凤台吹箫，忽然有"紫凤集于台之左，赤龙盘于台之右"，两人便乘龙乘凤，自凤台翔云而去。后人便把萧史称为"乘龙快婿"。

5. 鲤鱼跳龙门

龙门位于壶口瀑布南面约 65 公里处，在晋陕峡谷的最南端。龙门之南，就是开阔平坦的关中平原。黄河之水从狭窄的龙门口突然进入宽阔的河床之中，河性发生很大变化。龙门的形成，是其东面的龙门山和西面的梁山各伸出山脊，相互靠拢，形成一个只有 100 米宽的狭窄的口门，好像巨钳，束缚着河水，形成湍急的水流。每当洪水季节，由于峡口中的水位壅高，而出了峡谷后，河谷突然变宽，水位则骤然下降，于是在龙门形成明显的水位差，故有"龙门三跌水"

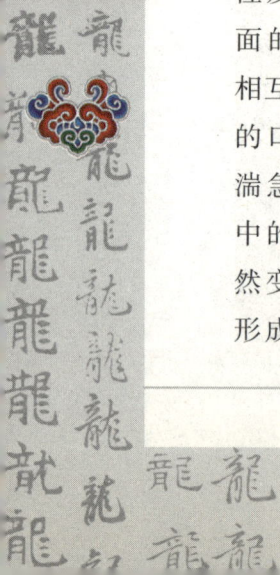

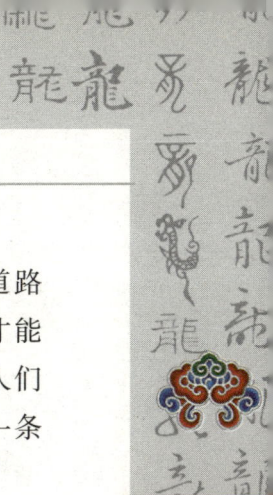

之说。沿袭相传的"鲤鱼跳龙门"的故事，就是指跳跃此处的跌水。

鲤鱼跳龙门的故事说的是小鲤鱼不畏险阻，纷纷跳跃这道通向成龙道路上的门关，能跃过去者，便能成龙。只有那些百折不挠的小鲤鱼，最终才能成龙。这个故事千百年来也激励着炎黄子孙顽强拼搏，奋斗不息。古代人们对龙门峡这种自然奇观的形成，感到不可思议，便想象为大禹所凿开的一条峡口，因而龙门又被称为"禹门口"。

6. 龙阳之好

古人把同性恋称为断袖之癖或龙阳之好。这是两个比较著名的中国同性恋故事。

《战国策·魏策四》："魏王与龙阳君共船而钓，龙阳君得十余鱼而涕下。王曰：'有所不安乎？如是，何不相告也？'对曰：'臣无敢不安也。'王曰：'然则何为出涕？'曰：'臣为王之所得鱼也。'王曰：'何谓也？'对曰：'臣之始得鱼也，臣甚喜，后得又益大，今臣直欲弃臣前之所得矣。今以臣凶恶，而得为王拂枕席。今臣爵至人君，走人于庭，辟人于途。四海之内，美人亦甚多矣，闻臣之得幸于王也，必褰裳而趋王。臣亦犹曩臣之前所得之鱼也，臣亦将弃矣，臣安能无涕出乎？'"

龙阳君乃是俊俏小生一名，虽得魏王宠爱，但感情之事无论男女，所担忧的事情是一样的，龙阳君当然也不例外。一日，魏王与龙阳君同船钓鱼，龙阳君钓得十几条鱼，竟然涕下，魏王惊问其故。龙阳君谓初钓得一鱼甚喜，后钓得益大，便将小鱼丢弃。由此思己，四海之内，美人颇多，恐魏王爱其他美人，必将弃己，所以涕下。魏王为绝其忧，下令举国禁论美人，违禁者满门抄斩，以表其爱龙阳君。后人以"龙阳泣鱼"作为失宠之典，又以"龙阳之好"代称同性之爱。

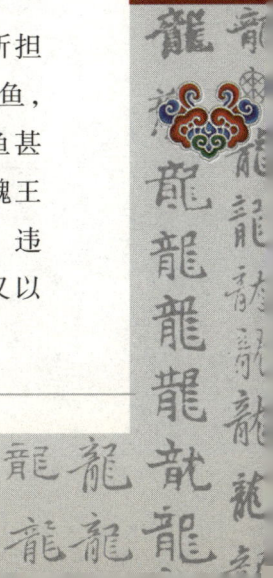

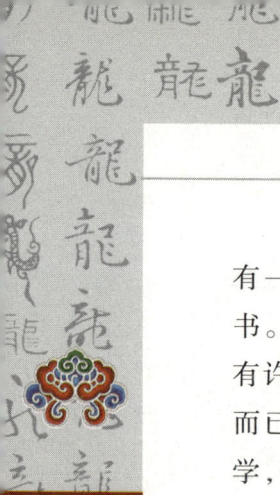

曹雪芹在《红楼梦》第九回写道："原来薛蟠自来王夫人处住后，便知有一家学，学中广有青年子弟，不免偶动了龙阳之兴，因此也假来上学读书。"这个薛蟠从老家来到大观园住下后，打听到贾府有一所家学，学校里有许多年轻人，就动了龙阳之兴，假装去上学，不过是三天打鱼、两天晒网而已。学校里有些学生图薛蟠的钱财就上了他的贼船。秦钟与贾宝玉来上学，薛蟠立刻就打他们的主意。这里的"龙阳之兴"不免有些贬义了。

7. 龙窑的传说

传说古时候太湖里有一条浑身墨黑的乌龙，长大以后，玉皇大帝就召它到天上专管耕云播雨的事情。哪个地方干旱了，乌龙就先到太湖喝足了水，再向那个地方喷。乌龙喷出来的水就是雨。

但有一个地方，玉皇大帝却不准乌龙去喷水，这地方就是太湖西面的丁山、蜀山一琏。因为这地方的老百姓不敬天帝，所以玉皇大帝要惩罚他们。但是乌龙不忍心看到这个地方的老百姓受苦，就偷偷地降了雨，这一下惹恼了玉帝，派天兵天将捉拿乌龙。乌龙与天兵天将格斗，打得天昏地暗，终因寡不敌众，浑身是伤，摔到地下，死了。当地老百姓非常感激乌龙，就把乌龙的尸首埋了。

不知过了多少年，葬土的土堆上出现了许多洞口，人们发现，洞里全是空的，乌龙的尸骨不见了，留下了一个长长的地道。后来人们用这个空洞当作烧窑的洞，发现陶器烧得又多、又快、又透、又省柴。从此这个地方就叫乌龙窑。当地又仿照乌龙窑造了许多窑，就叫做"龙窑"。

8. 龙马负图

在河南洛阳东北孟津老城一带，在远古时候是一片水草丰盛的地方。传

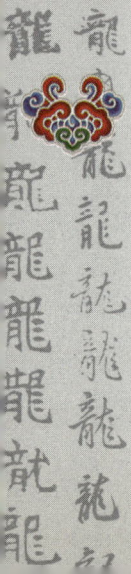

说古代曾经在图河里出现过一个妖怪。它头似龙，身似马，满身的鬃毛卷成无数个漩涡。人们按它的形状，就叫它龙马。据说这龙马是水中蛟龙变的，凶猛无比。它的到来，使附近洪水横流，庄稼毁坏，人们无法生存下去。

正当人们处于生死存亡的时刻，伏羲乘坐六龙，来降服龙马。说也奇怪，龙马立即变得温顺善良起来。后来，伏羲根据龙马身上的漩涡，认真研究，坐了八八六十四天，终于研究出了八卦图。"龙马恰为天地用，图河先得圣人心。"后世为纪念伏羲和龙马，修建了一座寺院，叫"负图寺"，寺前高竖两块大碑，上刻"图河故道"和"龙马负图"。

9. 蜀得其龙

刘义庆《世说新语·品藻》载："于时以为'蜀得其龙，吴得其虎，魏得其狗'。"三国时期，诸葛家族三个杰出人物即诸葛瑾、诸葛亮、诸葛诞。诸葛瑾任吴国大将军，诸葛亮辅佐刘备建蜀汉政权，与曹操、孙权抗衡，诸葛诞任魏国扬州刺史。俗话说千兵易得、一将难求，虽为一家兄弟，但才略德行还是有高下。因此，史书上评价蜀国得到一条龙，吴国得到一只虎，魏国只得到一条狗。

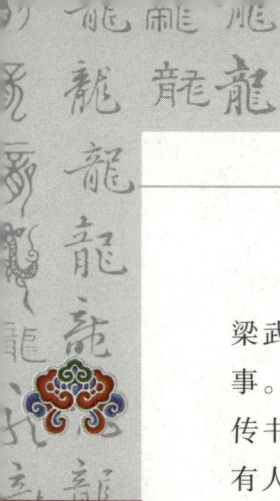

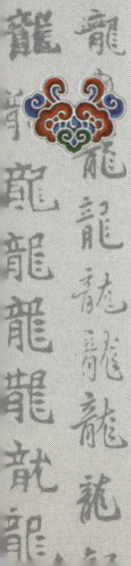

10. 龙女的传说

龙女的传说版本较多。《梁四公记》载，东海龙王之女掌管龙王宝珠，梁武帝以烧燕献龙女，龙女报之以各种珠宝。在佛经中也有龙女成佛的故事。唐代以后，龙女的故事多与男女爱情有关，如唐代李朝威的传奇《柳毅传书》，叙述了一个凡人与龙女从相识、传书到恋爱结婚的故事。唐末时又有人作《灵应传》，五代时杜光庭的《录异记》中也有类似的故事。

我国元代戏剧家李好古的杂剧《张生煮海》，其中主人公龙女三娘是东海龙王之女，她美丽而单纯。一日，为驱遣心中的怀春思绪，便带着侍女一起到海上散心，听到了张羽的琴声，深为感动，于是她不顾自己是龙神之女，和张羽私订终身，还主动向张羽赠送定情信物——鲛绡手帕，并约定八月十五中秋佳节与张羽成婚。最后在张羽的争取下，迫使龙王应允了婚事，龙女终于和张羽结为美满夫妻。

六、龙年对联

江山故国堪留鹤　　　唯大英雄能伏虎　　　八面威风增国力
华夏昊天可跃龙　　　是真豪杰乃降龙　　　九州春色启龙年

龙腾华夏钟灵地　　　无边春色来天地　　　百尺高梧栖彩凤
德启门庭毓秀人　　　有志金龙越古今　　　万川汇海起蛟龙

玉兔辞岁回月宫

龙踞福地

金龙贺喜出东海

北海云生龙对舞　　　碧海惊涛龙献瑞　　　苍龙日暮还行雨
丹山日上凤双飞　　　苍梧茂叶凤呈祥　　　老树春深更著花

笔架山高才气现　　　才闻兔岁凯旋曲　　　苍梧拔地栖金凤
砚池水满墨龙飞　　　又唱龙年祝福歌　　　碧海连天潜玉龙

笔走神龙大手笔　　　彩凤来仪迎大治　　　辰居其所众星拱
春归盛世好青春　　　金龙起舞庆新春　　　龙腾于天万国钦

笔走神龙凭大手　　　苍龙半挂秦川雨　　　辰年迪吉千重瑞
诗流雅韵有高人　　　石马长嘶汉苑风　　　龙岁呈祥四季宁

辰日一轮驰浩宇　　丹凤朝阳歌盛世　　国运国兴凭国策
龙年百业壮中华　　苍龙布雨润神州　　龙飞龙跃靠龙人

赤兔追风千里志　　丹霞瑰丽神龙舞　　海阔何愁龙跃水
金龙拱日万家春　　大路康庄骏马驰　　山高岂妒凤朝阳

春到人间争虎跃　　动地惊天龙气象　　虎啸无弦惊海宇
喜传域外庆龙飞　　锦山绣水凤文章　　龙吟有意动河山

春光明媚江山上　　风发龙门春浪暖　　虎跃龙腾欢盛世
龙虎腾飞事业中　　日临雁塔晓云开　　莺歌燕舞贺新春

春节迎来春气象　　风来松度龙吟曲　　户吉家祥歌且舞
龙年抖擞龙精神　　雨过庭余鸟迹书　　龙盘虎踞慨而慷

春日春风春浩荡　　改革迎来金虎啸　　花柳春风催燕舞
龙年龙岁龙腾飞　　开放喜看玉龙腾　　英雄祖国盼龙飞

大业功成惊世界　　国策英明增国力　　华堂戏燕春风暖
巨龙飞跃盛中华　　龙年飞跃展龙图　　盛世腾龙国色娇

大治凤鸣尤乐耳　　国富民殷龙献瑞　　华夏龙腾金鼓壮
小康龙舞更开心　　年丰物阜凤还巢　　新春马跃玉珂鸣

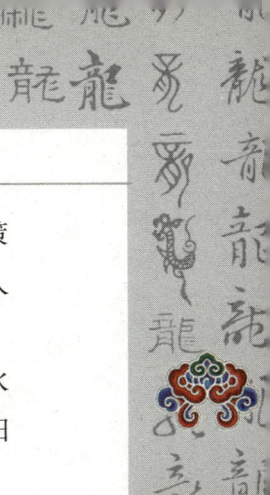

说文解龙

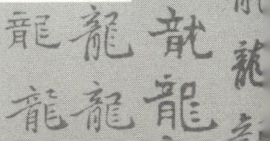

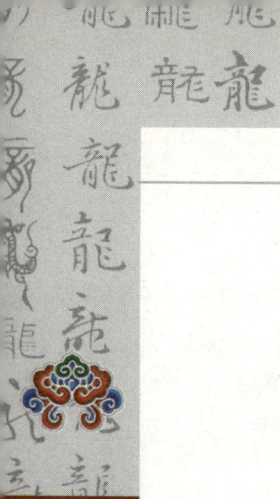

华夏龙腾金鏊壮　　蛟龙腾海风雷激　　刻翠裁红新格调
神州兔跃玉仓盈　　莺燕闹春杨柳青　　屠龙刺虎好文章

华夏扬威惊世界　　金龙报春春风暖　　浪翻南海潜龙至
巨龙昂首恃风雷　　铁手造福福气浓　　风振紫霄翔凤归

黄龙行雨腾沧海　　金龙出海迎新岁　　两袖清风龙虎惧
紫凤驾云上碧霄　　彩凤朝阳贺小康　　一身正气鬼神惊

挥毫凤舞千山秀　　金龙闹海春潮涌　　龙步青云酬壮志
泼墨龙飞万水腾　　喜鹊登枝福韵高　　鹏飞碧宇览神州

绘龙图铭心济世　　金龙献瑞苏千里　　龙从百丈潭中起
存虎胆立志兴邦　　绿柳迎春乐万家　　春自千重锦上来

江河湖海凭龙跃　　锦绣山川春色绣　　龙门丽景催鱼跃
山岳峰峦任虎行　　奔腾江海巨龙腾　　祖国宏图任我描

江山秀丽神龙舞　　九天揽月中华志　　龙门一跳迎新岁
道路逶迤骏马驰　　四海腾龙民族魂　　燕子双飞报好音

蛟龙出海迎红日　　巨龙腾跃中华志　　龙省龙年龙起舞
紫燕归门报早春　　猛虎催啸民族魂　　虎林虎地虎飞腾

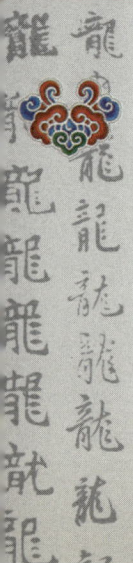

腊尽春归

金龙展志壮神州

春雨多情绿大地

说文解龙

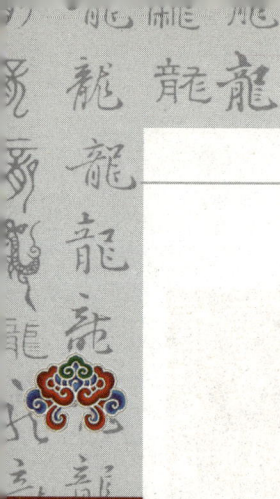

龙之书

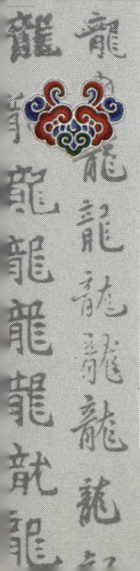

龙岁初临勤努力　　龙腾云海国昌盛　　龙腾霄汉开新运
辰光正亮著先鞭　　春满人间民泰安　　鹊立枝头报好音

龙腾广宇添新秀　　龙兴阳动乾坤晓　　万水千山凭虎跃
兔丽长河展壮图　　政通人和天地春　　五湖四海任龙腾

龙腾虎跃光明地　　龙游沧海江湖小　　喜看龙年花千树
海晏河清锦绣天　　狮醒神州世界惊　　笑饮改革酒一杯

龙腾虎跃闹春意　　梅花香遍神州地　　喜兔岁九州丰稔
人寿年丰谢党恩　　龙步震开盛纪春　　愿龙年百业昌荣

龙腾虎跃新世纪　　梅为春意赋新意　　紫燕飞来寻玉兔
年富力强好时光　　雪向龙年报丰年　　黄鹂唱起戏金龙

龙腾盛世千家喜　　梅为小院添春色　　喜谢玉兔留宝在
春满神州万物荣　　鹊向龙年报好音　　笑迎金龙常春来

龙腾伟业超千古　　门对龙山门进宝　　龙凤炳文神州焕彩
鹏舞雄姿搏九霄　　户栽花树户生辉　　鲲鹏展翅华夏腾飞

龙腾霄汉开新宇　　龙腾华夏金鳌壮　　龙凤呈祥阳春锦绣
鹊立梅梢报福音　　春暖虞唐草木荣　　鲲鹏展翅华夏腾飞

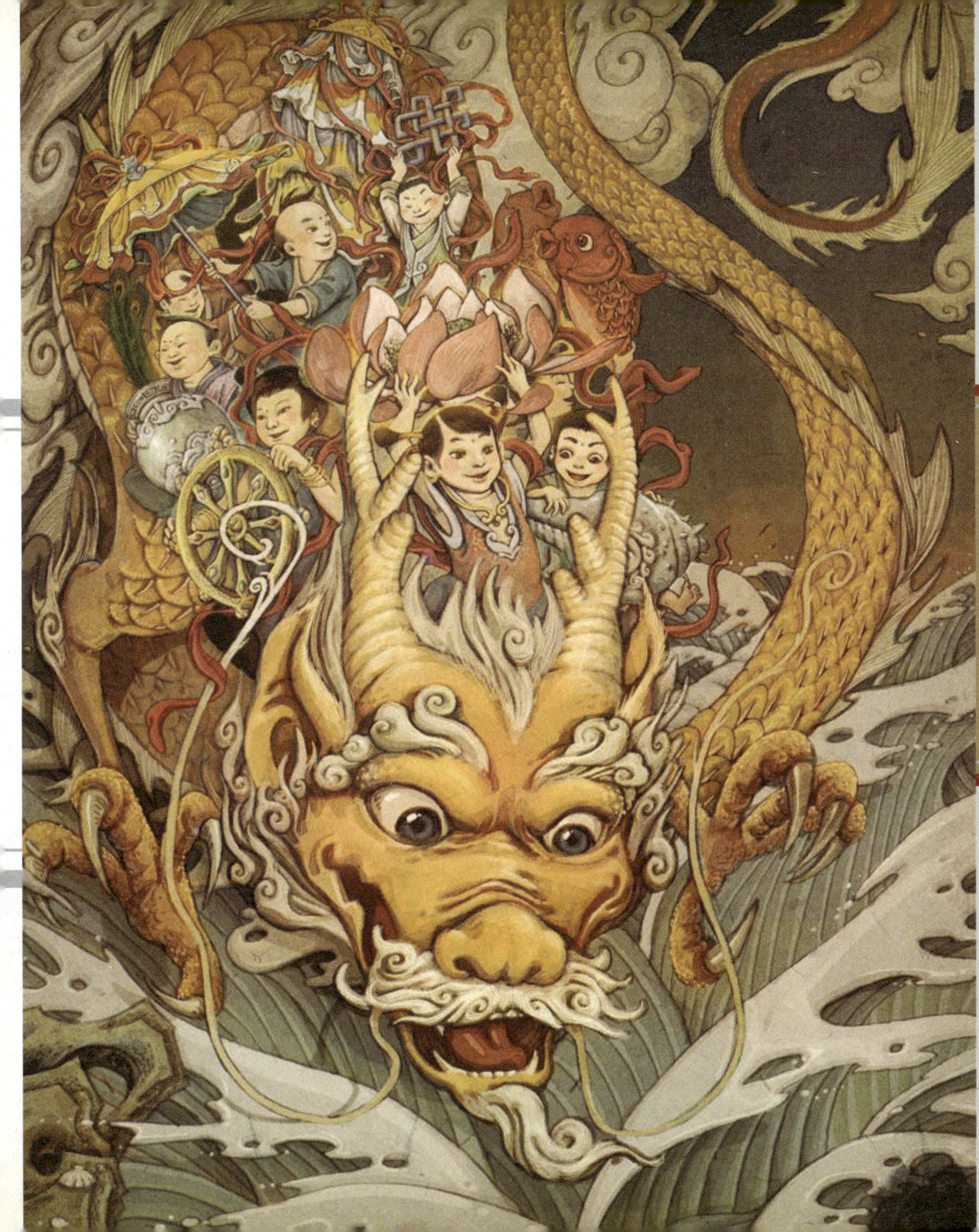

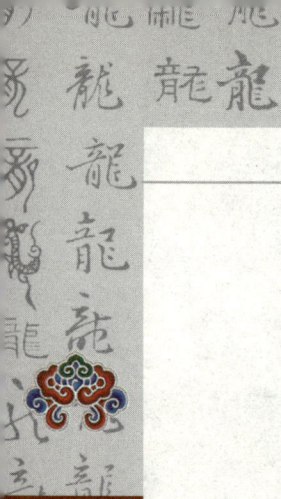

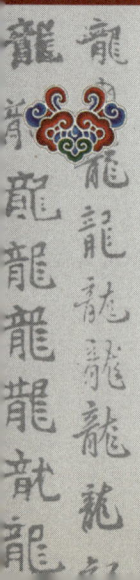

龙年龙裔看龙舞龙飞天上
春节春风送春光春满人间

玉兔归时羡慕人间春色美
金龙跃处喜看华夏画图新

岁届龙年好跳龙门题雁塔
身弥虎劲敢凭虎胆占鳌头

玉兔回宫永羡人间春色舞
金龙献岁常牵天际彩云归

天下皆春长街喜看龙灯舞
人间改岁小院欣闻爆竹鸣

爆竹辞旧岁玉兔毫光生紫气
华灯照新春金龙捷足步青云

兔卧蓝田万里春风舒碧野
龙腾玉宇千家笑语乐新程

改革奏凯歌虎跃龙腾强盛景
文明开新局莺歌燕舞太平春

兔跃龙腾瑞盈玉宇天光丽
珠还璧合春满金瓯世纪新

海是龙故乡龙腾海宇龙光起
春为燕天地燕舞春风燕语新

兔走乌飞大舞兔毫辞兔岁
龙腾虎跃敢攀龙角接龙年

海是龙故乡龙腾海宇龙兴起
春为花世界花吐春光花盛开

喜值龙年经济腾飞增国力
乐迎盛世人民幸福焕春光

虎跃龙腾万里长征风光无限
花香鸟语九州大地春色正浓

绣水描山神州大地春常在
藏龙卧虎盛世人家福永存

卯岁展宏图五湖四海歌大有
辰年逢盛世千村万户讲文明

骑飞虎奋云程广罗八方志士
降蛟龙掌乾坤实现四化宏图

岁属龙龙布雨雨顺风调呈稔岁
春迎燕燕衔花花团锦簇贺新春

巨龙迎盛世狂欢爆竹声声辞旧岁
喜鹊羡故园起舞梅花朵朵报新春

玉兔欢奔金乌飞飞向春光明媚处
雄狮抖擞巨龙舞舞来华夏太平年

巨龙凌空雄狮拜地爆竹声声辞旧岁
紫燕展翅绿柳吐丝梅花朵朵迎新春

龙游东海马放南山龙马精神传万代
虎啸西冈牛耕北国虎牛威力震千秋

绿抹柳梢红燃花萼燕舞莺歌相比美
春临世界喜降人间龙腾虎跃竞争先

龙华富贵

金龙报春春风暖

铁手造福福气浓

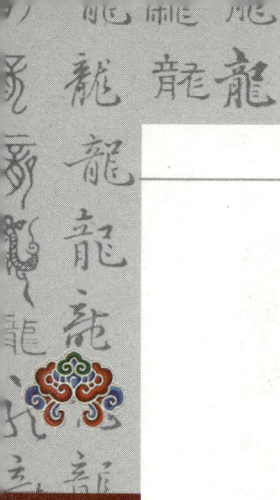

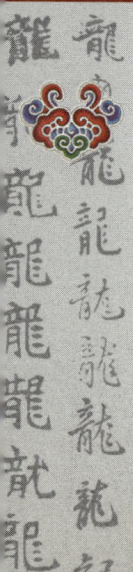

龙年赏龙

一、艺术作品中的龙

中国人称自己是龙的传人，以龙为祖先。龙的历史在中华大地源远流长，遍及南北。1971 年，在内蒙古的三星他拉发现了玉猪龙，据专家考证距今 6000 年—7000 年前。

西安半坡仰韶文化遗址中，出土有陶壶龙纹。

远隔千里之外的江苏吴县良渚文化出土的器物上，刻有一种似蛇非蛇的勾连花纹，是古越人的龙图腾崇拜的象征。

这说明，至少在新石器时代中期就有了关于龙的图腾崇拜。经过商、周的发展，到秦汉时便基本成形，脱离自然界中的具体动物形象，成为集诸种动物灵性与特长于一身的神物。到唐代，龙成了天子的专利。龙纹只能用于皇帝的衣服器物，龙成为皇权的象征。

综观历代龙纹的形象、气质、风格、精神面貌，就不难发现一种令人惊奇，却又理所当然的现象：如汉代的龙"所向披靡，一身霸气"，唐代的龙"丰腴甜腻，纹饰华丽"，宋代的龙"穿花嬉水，玩世不恭"，清代的龙"披头散发，老态龙钟"——它们简直就是各个朝代的形象代言人。

◎ 坐龙

坐龙呈正襟危坐的形式，头部正面朝向，颏下常设一火球，四爪以不同的形态伸向四个方向，龙身向上蜷曲后朝下作弧形弯曲，姿态端正。坐龙一般设立在中心位置，庄重严肃，上下或左右常衬有奔腾的行龙。在封建社会中，坐龙是一种尊贵的龙纹样。

坐龙

◎ 行龙

行龙呈缓缓行走状，整条龙为水平状态的正侧面。行龙常常作双双相对的装饰，构成双龙戏珠的画面，常装饰在殿宇正面的两重枋心，器皿的狭长形装饰面上也常常用到。倘以单相出现时，龙的头部常常作回头状，使画面更显生动。

◎ 升龙

升龙的头部在上方，奔腾飞舞，呈升起的动势。倘若龙头往左上方飞升，称"左侧升龙"，龙头往右上方飞升，称"右侧升龙"。升龙又有缓急之分，升腾较缓者，称"缓升龙"。升腾较急者，称"急升龙"。头部在上的升龙又做往下的动势，称为"回降龙"。

升龙

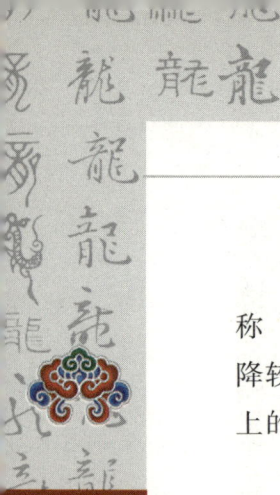

◎降龙

降龙的头部在下方，奔腾飞舞，呈下降的动势。倘若龙头往左下方俯动，称"左侧降龙"，龙头往右下方俯动，称"右侧降龙"。降龙又有缓急之分，下降较缓者，称"缓降龙"。下降较急者，称"急降龙"。头部在下的降龙又做往上的动势，称为"回升龙"或"倒挂龙"。

◎云龙

泛指奔腾在云雾中的龙。龙和云是结合在一起的。云，是产生龙的基础。而龙嘘出的气便成了云。云龙纹就是云和龙的共同体，将龙的头、尾、脚"打散"又和抽象的云融会在一起，显示出一种似云非云、似龙非龙的神秘图案。

◎草龙

一种含有龙形象的卷草图案，又叫"卷草缠枝龙"。头部有明显的龙头特征，而身、尾及四肢都成了卷草图案。整体往往呈现出"S"形的主旋律，并将"S"形继续延伸，产生一种连绵不断、轮回永生的艺术效果。头部与卷草曲卷的丰富变化，形成动静参差、相互呼应、层次丰富的画面。在构图上，采用均衡的形式，讲究曲线美，富有动律感。在表现形式上，则运用浪漫主义的手法，把带有吉祥含意的"如意纹"内容，综合到一个画面，给人以想象的余地。卷草缠枝纹常应用在建筑、家具和器皿的装饰上。

◎团龙

团龙，源于唐代，明清时运用较为普遍。"四团龙""八团龙"等团花为当时的冠服制度，即一件服饰上有四个或八个团龙是最尊贵的。后来发展为十团、十二团、十六团、二十四团，数量越来越多，使用范围也放宽了，织锦、刺

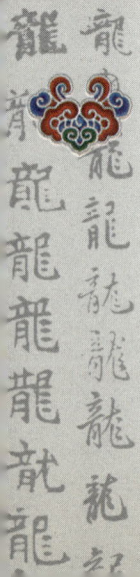

绣、陶瓷、建筑、家具等装饰上都有团龙。团龙适用性强，又保持了龙的完整性，装饰味也很浓，运用十分广泛。团龙的表现形式也很丰富，有"坐龙团""升龙团""降龙团"等。团龙的圆边还装饰有水波、如意、草龙等图纹，使团龙纹华丽而又丰富。

◎ 拐子龙

拐子龙，源于草龙，又脱胎于草龙，形成一种独特的表现形式。拐子龙的线条装饰显得挺拔、硬朗，转折处呈圆方角。龙的头部也呈方圆形，整体协调一致，简洁、明快，又有一定的装饰意趣，常用在家具、室内装饰及建筑的框架上。

铜鎏金拐子龙纹花卉抱月瓶

◎ 二龙戏珠

人们在建筑彩画、雕刻、服饰绣品等载体上常见"龙戏珠"的图案，有"单龙戏珠""二龙戏珠"等。

"千金之珠，必在九重之渊而骊龙颔下。"这是《庄子》的说法。《埤雅》也言"龙珠在颔"。龙珠从何而来呢？龙为什么要戏珠呢？

龙是模糊集合起来的神物，集合的对象有鱼、鳄、蛇、猪、马、牛，以及雷电、云雾、虹霓，等等。其中，鳄类和蛇类是卵生的。卵是圆形的，也可以说是颗粒状的，是比珍珠大得多的颗粒。那么，古人会不会把鳄卵蛇卵当做一种"珠"呢？回答是肯定的。古人能将鳄、蛇作为主要的集合对象，对其卵自然不会忽略；对鳄和蛇来说，卵的意义是重大的，是生命之源，有卵便有鳄、有蛇，进而才有龙。因此，卵是完全可以以"珠"的身份进入龙的生活之中的。那么，龙珠就是龙卵；龙戏珠，实际上就是龙戏"卵"，是

龙年赏龙

龙这个神物，对生命的呵护、爱抚和尊重。其中体现和表达的，是古人的一种"生命意识"，即对转承不息的生命现象的认识、理解和发挥。

太阳，是对"珠"的另一个理解。我们见到的一些龙戏珠图案，尤其是那些二龙戏珠图案，其珠多有火焰升腾，分明是一枚"火珠"或"火球"；下面是滔滔海水，可以理解为火球跃出海面。在人们的视野和观念中，堪称"火球"的，太阳可排在第一。那么，火球出海也就是太阳出海了。既然是太阳出海，为什么要龙来"戏"呢？这里要引入古人眼中的四方神：东方青龙，西方白虎，南方朱雀，北方玄武。太阳是从东方升起的，龙则是代表东方的神物。这样看来，龙戏珠就有太阳崇拜的意思了，该是太阳崇拜和龙崇拜的交融。

龙分雌雄，这是二龙戏珠的图案比较多的原因。如果珠作卵解，就是父母双方共同呵护、爱抚他们的子女；如果珠作太阳解，就是雌雄二龙共迎旭日东升，让灿烂的阳光普照大地。再者，二龙对称，龙体弯长，珠形滚圆，在构图上也具有一种美感。

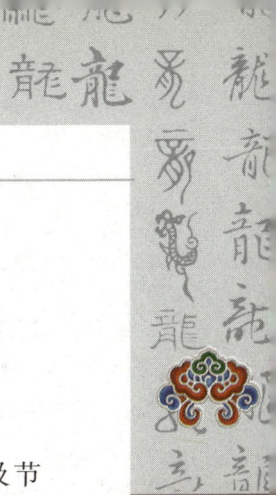

二、民俗中的龙

八千年的龙文化，在中国民间有着深厚的积淀，数不清的民风民俗及节日与龙有关。可见，龙在中国不只属于皇帝而更活在民间。

在中国人的日常生活中，衣有龙袍、龙冠；食有龙虾、龙眼、龙须面；建筑有龙宫、龙亭；行有龙舟、龙车。家具有龙椅、龙床。正月十五要舞龙灯，端午节要赛龙舟。动物有龙马、龙蚤；植物有龙葵、龙舌兰、龙须草、龙须菜、龙柏、龙爪槐。风水宝地叫龙穴，抽水的水车叫龙骨水车，大吊车叫龙门吊。天上有龙星，地下有龙脉。古代的类书中和龙有关的名词不下数百。1000年前编辑的《太平广记》搜集的龙的神话小说，就有81则。

龙帝，亦即天帝，也叫玉皇大帝，传说就是华夏民族的始祖——黄帝的化身。在《史记·封禅书》中记载，黄帝和老百姓在首山采掘铜矿，把开采出来的铜铸成一只很大的铜鼎，放在荆山脚下。铜鼎铸成时，有龙垂下胡髯迎黄帝升天。黄帝就骑到龙背上去，他手下的群臣还有妻儿也都纷纷往上爬，一共上了七十多人。这时，龙升上天去，剩下的小臣挤不上，一个个都抓着龙的胡须。龙髯受不了重量而断了，黄帝带着的弓也被拉落下来，臣僚们只得抱着龙髯和弓号哭。黄帝升了天后成为天帝。

在《史记·天官书》中亦说"轩辕（黄帝，名轩辕），黄龙体"，意思是说黄帝就是黄龙的化身。黄龙即是龙帝，五行属土，位居中央，是龙族之首，也是道教的宗教观中天庭的主宰。在汉代的典籍中亦有提及："黄龙者，四方之长，四方之正色，神灵之精也。能巨，能细，能幽，能明，能短，能长，

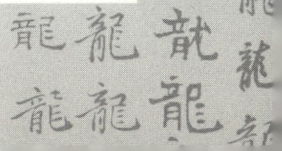

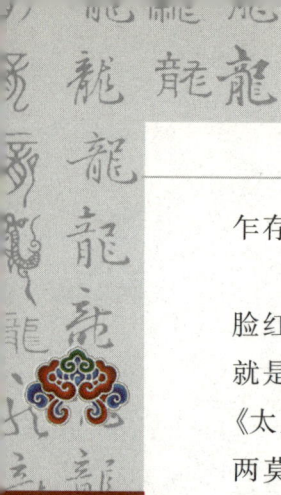

乍存，乍亡。王者不滤池而渔，德达深渊，则应和气而游于池沼。"

　　传说中的四海龙王是：东海敖广、南海敖钦、西海敖闰、北海敖顺。青脸红须者为东，白发须者为西，橘黄发须者为南，黑发须者为北。龙王之职就是兴云布雨，为人消灭炎热和烦恼，龙王治水成了民间普遍的信仰。道教《太上洞渊神咒经》中的"龙王品"就称，"国土炎旱，五谷不收，三三两两莫知何计时"，元始天尊乘五色云来临国土，与诸天龙王等宣扬正法，普救众生，大雨洪流，应时甘润。

　　龙王神诞之日，各种文献记载和各地民间传说均有差异。旧时专门供奉龙王之庙宇几乎与城隍、土地之庙宇同样普遍。每逢风雨失调，久旱不雨，或久雨不止时，民众都要到龙王庙烧香祈愿，以求龙王治水，风调雨顺。

◎ 正月十五舞龙灯

　　舞龙灯，是中华民族的传统文化活动，各民族都有舞龙灯的习俗。

　　灯节虽始于汉初，盛于唐宋，但"舞龙"的习俗，相信是承继殷周"祭天"的遗风。龙在历史文籍的记载中出现的时间极早，而且"舞龙"包含"风调雨顺国泰民安"，原有"祈年"的意思。古人民智不开，大概由于龙在神话中是海洋的主宰，威力无穷，而海洋主水，龙也就很自然地做了农作物的司雨神。民以食为天，谷物是维持生命的根本，间接也就操纵了人类的生命。依此类推，龙的重要性竟是超逾了祖宗——帝舜、启和后稷。如此，龙被古人奉为"吉物"出现在庆典祭祀中，自然也不足为奇了。

　　《礼王制》称："宗庙之祭，春曰钥，夏曰禘，秋曰尝，冬曰烤。"人们所以要舞龙，与古代劳动人民在农业生产中对自然现象缺乏科学知识有关。他们幻想龙是管雨的，想以舞龙来祈求神龙，以保风调雨顺、五谷丰登。从最初的祭祀祖先、祈求降雨的一种仪式，及至唐宋时期，舞龙已是逢年过节

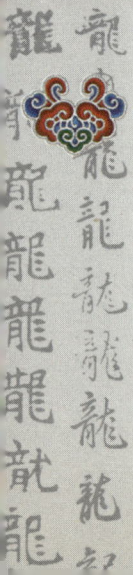

时常见的表演形式，成为民间的一种文娱活动。

综观各地、各族人民的舞龙表演，种类繁多，各具特色。常见的有火龙、草龙、毛龙（贵州石阡）、人龙、布龙、纸龙、花龙、筐龙、段龙、烛龙、醉龙、竹叶龙、荷花龙、板凳龙、扁担龙、滚地龙、七巧龙、大头龙、夜光龙、焰火龙等近百种之多。龙灯的节数一般为7节、9节和13节。

舞龙的"龙"，通常都安置在当地的龙王庙中，舞龙之日，以旌旗、锣鼓、号角为前导，将龙身从庙中请出来，接上龙头龙尾，举行点睛仪式。龙身用竹扎成圆龙状，节节相连，外面覆罩画有龙鳞的巨幅红布，每隔五六尺有一人掌竿，首尾相距有十来丈长。龙前由一人持竿领前，竿顶竖一巨球，作为引导。舞时，巨球前后左右四周摇摆，龙首作抢球状，引起龙身游走飞动。

随着华人移民到世界各地，现在的舞龙文化，已经遍及中国、台湾、香港、东南亚，以至欧美、澳大利亚、新西兰各个华人集中的地区，成为中华文化的一个标志。

◎二月二，龙抬头

"二月二，龙抬头；大仓满，小仓流。"在北方，二月二又叫春龙节，古称春耕节。在南方叫踏青节，古称挑菜节。依据气候规律，农历二月二之时，我国大部分地区受季风气候影响，温度回升，日照时数增加，雨水也逐渐增多，光、温、水条件已能满足农作物的生长。

沈榜《宛署杂记》记载："宛人呼二月二为龙抬头。乡民用灰自门外委婉布入宅厨，旋绕水缸，呼为引龙回。"明人于奕正、刘侗的《帝京景物略》中说："二月二日曰，龙抬头、煎元旦祭余饼，熏床炕，曰，熏虫儿；谓引龙，虫不出也。"

俗话说"龙不抬头天不下雨"，龙是祥瑞之物，和风化雨的主宰。"春雨贵如油"，人们祈望龙抬头兴云作雨，滋润万物。

同时，二月二正是惊蛰前后，百虫蠢动，

疫病易生，古代中国人把生物分成毛虫（披毛兽类）、羽虫（鸟类）、介虫（有甲壳类）、鳞虫（有鳞之鱼类和有翅之昆虫类）和人类五大类。龙是鳞虫之长，龙出则百虫伏藏。所以，农历二月初二龙抬头，是希望借龙威以慑服蠢蠢欲动的虫子，目的在于祈求农业丰收与人畜平安。

如今，每当二月二到来，中国北方大部分地区的家庭还保留着点灯、烧香、上供、理发等习俗。这一天，家家户户还要吃面条、炸油糕和炒豆子，借此象征"挑龙头""吃龙胆""金豆开花，龙王升天，兴云布雨，五谷丰登"，以示吉庆。

◎五月五，过端午

每年农历五月初五，又名端阳节、重午节、天中节、夏节、五月节、天长节等。最早见于晋周处的《风土记》载，"仲夏端午，端者，初也"。《燕京岁时记》也载："初五为五月单五，盖端字之转音也。""单五"即"端午"。它的起源有好几种说法，而以纪念爱国诗人屈原之说最为普遍。

经学者的研究考证，端午节原是祭祀龙的节日。在古代，赛龙舟是端午节的独特习俗。流行于江西、福建、湖南、湖北、四川、贵州、广东、广西等地，其实，赛龙舟在周穆王时候就开始了。《纪纂渊海》所载，赛龙舟源于越王勾践，那时场面就十分壮观。《越绝书》载："竞渡起源于古越族。先民断发文身，自称龙子，特别喜爱龙舟竞渡，其目的是媚神。"

而南朝梁吴均《续齐谐记》载："楚大夫屈原遭谗不用，是日投汨罗江而死，楚人哀之，乃以舟楫拯救。端阳竞渡，此乃遗俗也。"在《荆楚岁时记》和《望月楼随笔》等书都是这样记载。《物原》考据在吴王夫差挖成运河时，便有了竞渡活动。据考证，1935 年在河南山彪镇的战国墓葬中出土的铜鉴，1965 年在四川成都出土的战国时的"嵌错赏功宴乐铜壶"，都有赛龙

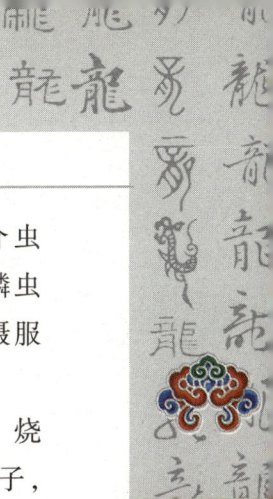
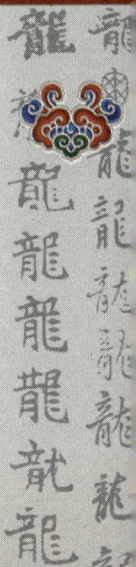
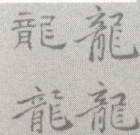

龙年赏龙

舟的图案。

　　端午节，各地古时习俗不尽相同，龙舟的设计各式各样，竞技划法也因地域不同而不同，祭祀活动也各具特色。杨侃的《皇畿赋》载："阵形星罗，万棹如风而悠去。"胡宿笔下曰："横木周旋，双柱特起。深如睡骊之滨，壮若登龙之津。"而唐代诗人张建封的《竞渡歌》载："鼓声三下红旗开，两龙跃出浮水开。棹影斡波飞万剑，鼓声劈浪鸣千雷。"可见当时的场景蔚为壮观。

　　粽子，古称角黍、筒粽。据记载，最早的粽子是用苇叶包裹黍米制成的。到汉代才用箬叶和糯米制作。较早见于东汉应劭的《风俗通义》："俗以菰叶裹黍米，以淳浓灰汁煮之令烂熟，于五月五日及夏至啖之。"到了西晋后，才逐渐固定在端午吃粽子，唐代的粽子已有各种果仁。唐代姚合写有"渚闹渔歌响，风和角粽香"的诗句，诗人记述了当时吃粽子习俗的普遍。又有"四时花竞巧，九子粽争新"，是说唐明皇吃了"九子粽"后，写下了赞赏其粽子的诗句。

到了宋代，诗人朱松有《重五》："异乡逢午节，卧病此衰翁。竹笋迸新紫，榴花开小红。山深人寂寂，气润雨濛濛。煮酒无寻处，菖蒲在水中。"明代沈榜《宛署杂记》载："五月女儿节，系端午索，戴艾叶，五毒灵符。宛俗自五月初一至初五日，饰小闺女，尽态极研。出嫁女亦各归宁。因呼为女儿节。"此时粽子的种类及形状更加繁多。同时描写了古代先民端午节喝雄黄酒、插艾蒿、挂菖蒲的习俗。

夏朝历法《夏小正》中有五月初五的记载，"此日蓄药，以蠲除毒气"。汉《大戴礼记》载有，"五月五日蓄兰为沐浴"。即古人以兰草熬汤沐浴去污为俗。西晋周处的《风土记》载，"仲夏端午，煮鹜角黍"。《宋史》中则载有，"明年重五，又送角黍执扇"之语。粽子之香味源于箬叶，箬叶可疗咽痛或调女经。李时珍《本草纲目》中载有"箬叶有清热止血、解毒消肿之功用"。可见，古代端午是一个夏季驱除瘟疫的节俗。

民间还有传说伍子胥也是在五月五日投江的。《荆楚岁时记》载，"邯郸淳《曹娥碑》云：'五月五日，时迎伍君，逆涛而上，为水所淹。'斯又东吴之俗，事在子胥，不关屈平也。"是时，屈原写完《怀沙》这一绝笔之赋后，抱着一块石头，投汨罗江而死，无独有偶，正是五月五日。《悲回风》诗载，"浮江淮而入海兮，从子胥而自适。"《睡虎地秦简》载曰，"生定杀水中之谓也"。屈原有"举世混浊而我独清，众人皆醉而我独醒""长太息以掩涕兮，哀民生之多艰""亦余心之所善兮，虽九死其尤未悔""路漫漫其修远兮，吾将上下而求索"的感叹，响彻了中华大地 2000 多年。

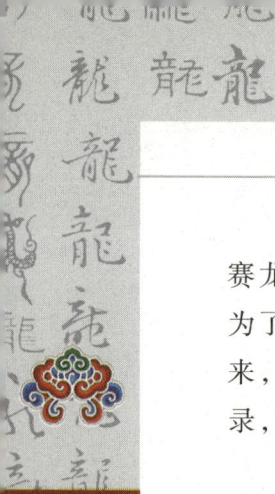

端午节，自古以来就是我国人民的传统节日。这一天，先民既要吃粽子，赛龙舟；又要挂菖蒲，悬艾叶；捣蒜芷，喝雄黄酒；驱邪祛病，净化环境。为了纪念伟大的爱国主义诗人屈原，解放后曾把端午节定名为"诗人节"。后来，"中国端午节"为国家法定节假日之一，并列入世界非物质文化遗产名录，体现了中华民族的古老智慧和灿烂文化。

◎ 八月十五舞火龙

　　舞火龙，是香港中秋节最富传统特色的习俗。从每年农历八月十四晚起，铜锣湾大坑地区就一连三晚举行盛大的舞火龙活动。这火龙长达 70 多米，用珍珠草扎成 32 节的龙身，插满了长寿香。盛会之夜，这个区的大街小巷，一条条蜿蜒起伏的火龙在灯光与龙鼓音乐下欢腾起舞，很是热闹。

　　香港中秋舞火龙的起源还有过一段传说：很早以前，大坑区在一次风灾

袭击后，出现了一条蟒蛇，四处作恶，村民们四出搜捕，终于把它击毙。不料次日蟒蛇尸身不翼而飞。数天后，大坑便发生瘟疫。这时，村中父老忽获菩萨托梦，说是只要在中秋佳节舞动火龙，便可将瘟疫驱除。事有巧合，此举竟然奏效。从此，舞火龙就流传至今。

不管这传说有多少迷信成分，但中国是龙的故土，在香港大坑中秋节舞火龙已有100多年的历史，这是值得珍视的。如今大坑区的舞火龙活动规模颇大，轮番舞龙者达3万多人。

◎龙与戏曲

龙对中国的戏曲艺术也产生了重要的影响。在戏曲中，直接以龙为角色、以龙的故事为情节的并不多，仅有《柳毅传书》《张生煮海》和据《西游记》改编的《陈塘关》《绝龙岭》《钓鱼船》等数出。但以龙为名的戏目却不少，如《锁五龙》《困龙床》《龙虎斗》《打龙袍》《双龙会》《龙凤呈祥》《游龙戏凤》等。这类戏中所以有龙字，是因为戏中的主角是有龙性的人物，多是帝王之属。

戏曲中不少名词术语行话与龙有关，如龙套、九龙口、合龙、二龙出水、小龙吟、回龙等。京剧的脸谱有龙纹的成分，京剧的服装（俗称"行头"）更离不开龙纹。

京剧《柳毅传书》剧照

三、剪纸中的龙

一四五

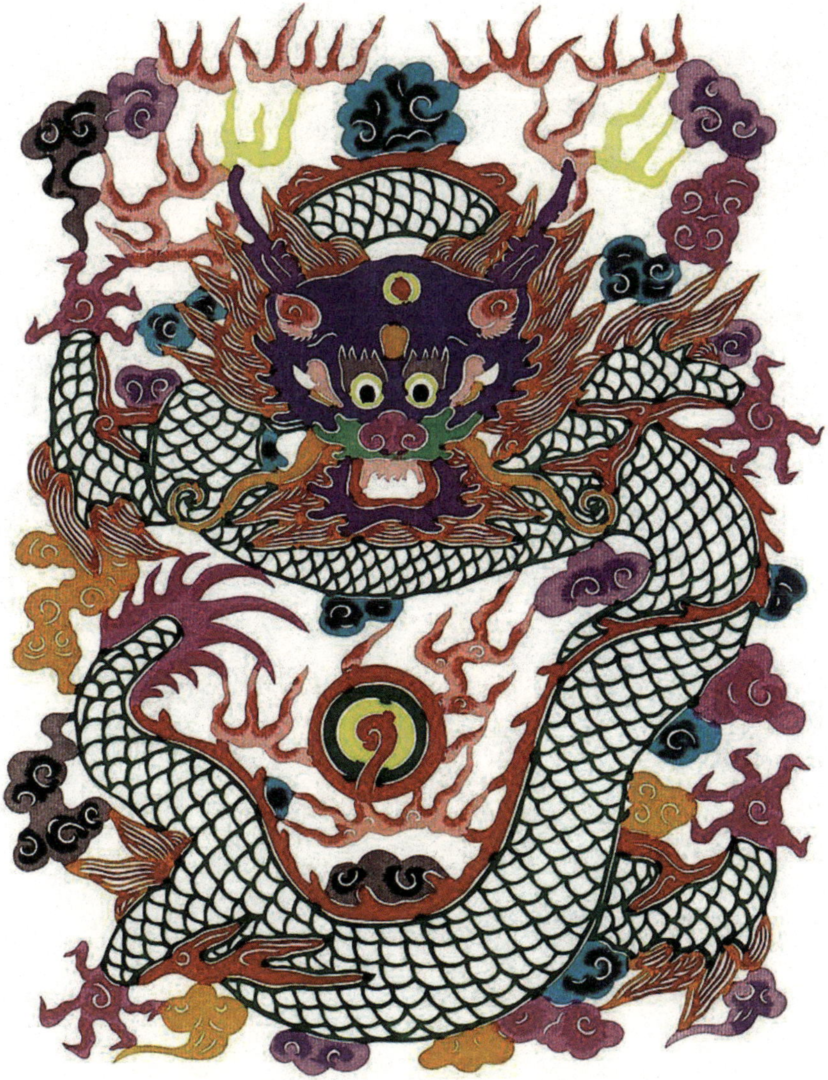

龙年赏龙

恭新福贺新禧

龙年赏龙

龙年赏龙

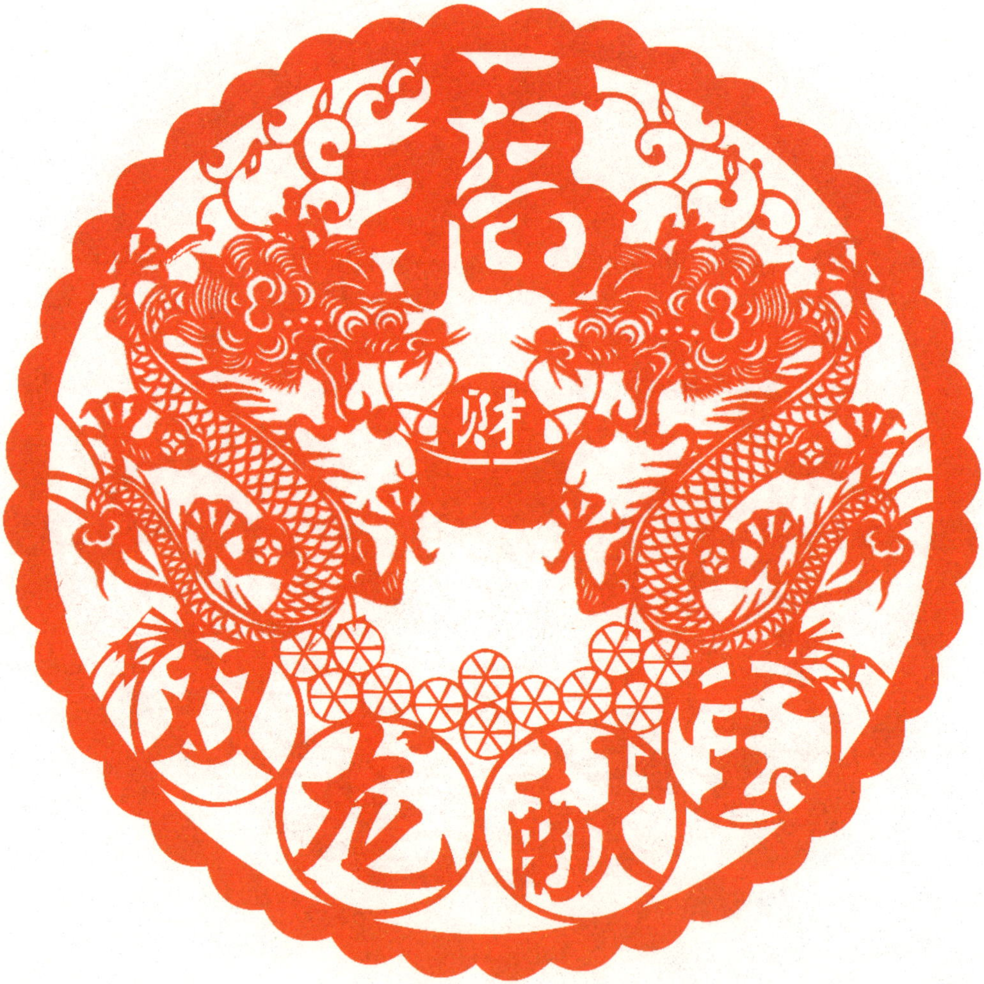
福
财
双龙献宝

龙年赏龙

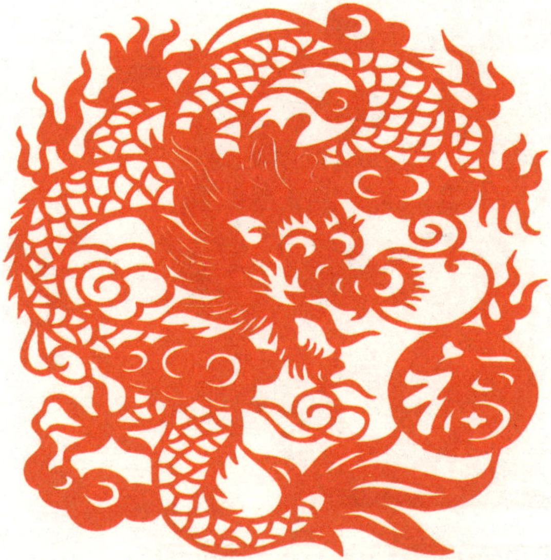
福

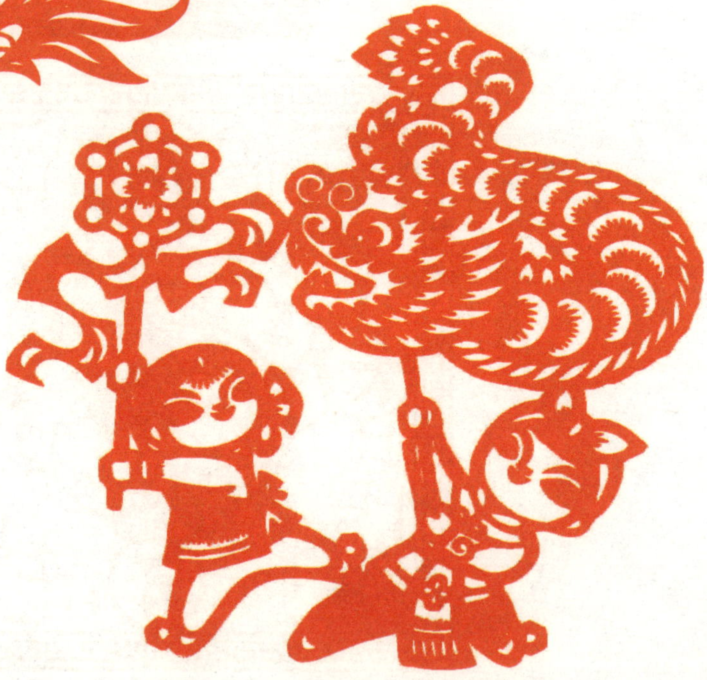

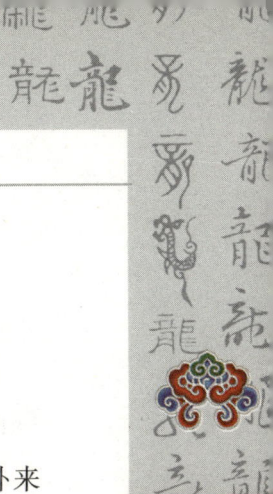

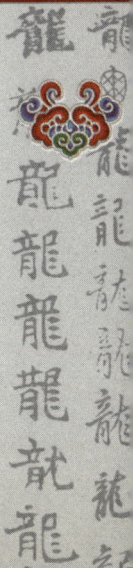

四、宗教中的龙

　　中国龙文化之所以能长期延续，除了原有的龙图腾崇拜之外，还在外来佛教中吸取了新的鲜活因素。中国龙王的形成就与佛教的传入和道教的附会有关。

　　印度佛教传入中国，对中国龙文化影响很大。佛教中的龙王、龙珠、龙宫信仰及其传说与中国本土龙文化融合，使中国龙文化更为丰富多彩。

　　在佛经中，有一个名叫"那迦"的神兽，这种神兽长身无足，在水中称王。佛教中的那迦与中国传统文化中的龙有许多相似之处，因此在佛经转译为中文时，那迦顺理成章地被译为龙。

　　佛教中的龙是佛法的护卫者。而"天龙八部"是佛教中护法神鬼的总称，因其分为天众、龙众、夜叉、乾达婆、阿修罗、迦楼罗、紧那罗、摩睺罗迦八部而得名。龙在八部中位置仅次于"天"，具有相当大的神通。它们居于大海、池沼和空中，能兴云布雨、降福消灾。《法华经·序品》载，云中有八大龙王：难陀龙王、跋难陀龙王、娑加罗龙王、和修吉龙王、德叉迦龙王、阿那婆达多龙王、摩那斯龙王、优钵罗龙王。而众多佛经中龙王名数并不一致，还有五类龙王（《大集经·须弥藏品》）、七龙王（《最胜经》）、八十一龙王（《名义大集》）、一百八十五龙王（《大云轮请雨经》）等，这些龙王及其所在的"天龙八部"均受佛之教化，以护持佛法、保护众生为天职。

　　但是，龙王在佛教中的地位却并不高，佛教崇拜的大致分为佛、菩萨、罗汉、诸天、鬼神等级别，天龙八部只属于最后一级。

中国道教善于改造吸收各种神灵信仰并纳入自己的体系之中。隋唐之后佛教信仰传入中国，道教就借鉴参照佛教，引进龙王并加以改造，创造出自己的龙王系列，形成了自己的龙王信仰，名目繁多超过了佛教，达数百位之多，其中最著名的当然是四海龙王——东海龙王敖广、南海龙王敖闰、西海龙王敖钦、北海龙王敖顺。除此之外，尚有名目繁多的各种龙王，从大地龙王到法海龙王，从日月龙王到星宿龙王，还有深林神龙王、花流神龙王、多善神龙王，等等，甚至还有"三十八山神龙王、二十四向龙王、天星八卦神龙王"。

由于道教是本土宗教，道教的龙也就更为中国化，比佛教的龙更为世俗，更迎合中国民众的心理。道教中龙王的职责主要是兴云布雨，据说，在百姓遇到炎旱之时，天帝就派各位龙王前去布云施雨。发展到后来，凡是有水之处，无论江河湖海、渊潭池井，莫不驻有龙王，而龙王庙也随之遍地而起。

五、邮票中的龙

◎ 中国龙票

大清龙邮

　　中国的第一张邮票是大清邮政在 1878 年 1 月发行的大龙邮票。大龙邮票有三个版式，即薄纸大龙、阔边大龙和厚纸大龙。

　　大清龙票以龙为主图，彰显了皇权的威严和尊贵。1911 年辛亥革命后，为解决急用之需，清代国家邮政发行的邮票仍可贴用，此套邮票更是被加盖"中华民国"字样后发行使用，直到 1914 年 4 月 1 日才停用。从 1898 年 1 月到 1914 年 3 月，此套邮票在中国发行使用了整整 17 个年头，历经了大清帝国到中华民国这一段风云变幻的历史时期，堪称中国早期邮票的经典之作。

1988 年中国龙票

　　1988 年是戊辰龙年，我国首次发行生肖龙票，成为中国邮坛第一轮生肖龙票。全套 1 枚。设计者为当时年仅 24 岁的中央美术学院民间美术系应届毕业生祖天丽。邮票图上的龙亲切活泼，色彩绚丽，综合了木版年画、剪纸、刺绣等民间艺术的特长，别具新意。不过，从第一轮生肖邮票看，除猴票价格较高外，包括龙票在内的其他生肖邮票的价格都偏低。

2000 年中国龙票

　　第二轮龙票已经是第二轮生肖票的升值龙头，一版价格在 5000 元左右。由于龙在中华民族的文化中有着特殊的地位，所以第二轮龙票发行后的用量很大，同时该套邮票在印制过程中使用的金色材料很容易氧化，所以存世品相较好的邮票很难得，故而价格较贵。

2012 年中国龙票

　　2012 年的龙票上，一条金色团龙正面对人，圆睁双眼，张开大嘴，威风凛凛，霸气外露。早在 2011 年 12 月，这枚邮票的图稿就已经通过设计者陈绍华的博客公之于众，并引发了网友的热议。有人觉得图稿上的这条四爪金龙霸气外露，很是威风；但也有很多网友评论说今年的这条龙看起来有点张牙舞爪，甚至有点"凶神恶煞"，不适宜用作喜庆的生肖邮票的图案。

　　关于今年这条龙到底是"霸气外露"还是"凶神恶煞"的争议，作为邮票的设计者陈绍华在其博客上表示："1988 年正值改革攻坚，第一轮生肖龙票采用中国民间年画剪纸等手法，刻意回避龙的威严感；2000 年国家提出韬光养晦，第二轮生肖龙票以书法和秦汉龙纹作为基础，透出的更多是飘逸和灵性；第三轮生肖龙票时值 2012 年，也是中国快速发展 30 年后迎来的新一个龙年。作为在世界上有主要影响力的大国，中国正迎来民族自信的重建。社会上有很多关于 2012 的灾难传闻，而中国人传统上也认为龙年是大变动之年。作为中国神兽的代表，壬辰年的龙票不宜做得太过温柔可爱，因为这不是大多数中国人心中龙的形象。过多强调亲和力，会削弱龙的基本文化特性，也未必符合当代中国人的心境。从威严神力，再到代表中国的自信，一个刚猛而有力，威严而自信的龙形不失为是一个恰当的选择。"

　　国家邮政局邮票印制局编辑设计部主任阎炳武是我国统筹生肖邮票创意

设计的负责人，他认为，今年龙票的形象设计比较得当，生肖邮票关注度高，即使换一个完全不"凶神恶煞"的卡通形象，也同样会引起人们的讨论。

今年龙票上的这条龙实际上是中国非常传统的龙的形象。抛开争议，从艺术角度看，"壬辰龙票"的设计选用坐地团龙而不是腾空飞龙，象征着神龙固守中华神州大地，保卫四界安宁，给人们以信心和力量。

生肖文化是中华文化宝库中的重要组成部分，生肖邮票作为这笔财富的载体之一，受到人们广泛关注并不奇怪。但是今年之所以关注度更高，主要是除了生肖本身的意义之外，更重要的是龙还代表了中国和中华民族的形象。对邮票上龙的形象的争论其背景往往是对中华民族形象的争论。

其实，邮票只是邮票，上面的龙威风也罢，卡通也罢，只是一种艺术取向。对于生肖邮票，我们只希望它能够继承传统，传播中华文化，有更高的艺术水平，这些就足够了，不需要再承载过多的文化含义。

香港龙票

香港邮政自 1967 年起每年发行贺岁生肖邮票。

香港 1976 年龙票首日封

1988 年,香港第二轮龙票小全张

2000 年,香港邮政史上首次发行无齿小型张龙票,极为珍贵。

龙年赏龙

　　2012 年，香港邮政发行的岁次壬辰（龙年）邮票是贺岁生肖邮票第四辑的首套邮票。龙嘘气成云，向来是尊贵和权力的象征，而中华民族亦被誉为"龙的传人"，可见其地位超凡。这套邮票呈现四种不同形态的龙，另推出丝绸邮票，为新春佳节增添吉祥之气。

澳门龙票

　　1984 年澳门首次发行生肖邮票，这是非常难得的按天干地支排序从甲子年开始发行的生肖系列邮票。澳门从 1984 年—1995 年的第一轮 12 生肖邮票出自一位设计师金地道之手，风格一致。每年还同时发行生肖邮票小本票，规格统一。发行时间基本保持在每年春节之前，仅 1992 年猴票因故推迟到春节之后才发行。邮票画面民族风格与西洋技法相结合。背景的明月和深沉的底色，透出中国绘画的意境之美；写实画法的生肖动物（龙年为装饰画法除外）及厚重的彩色边框，又显然受到西方审美观念的影响。

鷄 狗 豬

鼠

猴 牛

羊 虎

馬

蛇 龍 兔

十二生肖
CICLO LUNAR

CTT MACAU 一澳門郵電司

18.00 Ptcs.

龙年赏龙

1995 年 12 月 15 日，澳門發行第一輪 12 生肖郵票小全張。小全張上的生肖票與當年發行的生肖郵票在票面文字、面值、年份、編號等內容或形式上有比較明顯的區別，小全張邊紙上 12 生肖中文名稱和龍圖案以及 12 枚郵票的擺放，都頗具匠心。

2000 年，澳门邮政特别发行的小型张为装饰性的巨龙，线条简洁，色泽艳丽。

2012 年的澳门龙票用五种工艺象征五行"龙"："金"饰龙、"木"雕龙、"水"墨龙、"火"花龙、"土"壶龙。设计别具匠心，观赏和收藏价值极高。

台湾龙票

台湾 1988 年龙票

台湾 2000 年龙票

台湾 2012 年龙票

龙年赏龙

◎ 各国龙票

2012年壬辰龙年，除中国发行了龙年邮票外，美国、澳大利亚、菲律宾以及日本等世界上10余个国家的邮政部门都已在临近中国春节前，发行了各自国家的龙年邮票来欢庆春节。其中，美国、法国等国家已连续多年发行生肖邮票，英国从今年开始首次发行中国新年主题邮票。由此可见，海外的华人和中华民族传统文化的影响力越来越大。海外的邮政机构在设计生肖邮票时，纷纷让华裔设计师执笔设计，不仅深受华人及亚裔的欢迎，也可以让世界更了解中国文化。

美国龙票

美国1993年（鸡年）首次发行生肖邮票，一轮十二年。十二套生肖邮票，每套一种，均由华裔画家李健文一人设计，都是剪纸风格，他坚持剪纸和草书组合的设计风格。此枚邮票上的飞龙配以中文"龙年"和英文"新年快乐"，可谓中西合璧。

2000年美国发行的第一轮生肖龙票

2012 年，美国邮局继续为庆祝中国阴历新年发行生肖邮票。美版龙票由纽约华裔艺术家麦锦鸿根据舞龙照片绘制。设计时不仅利用了中国民间剪纸艺术，用剪纸剪出龙的图案，还用中国古老的书法艺术草书写出汉字"龙"的生肖名称。

美国 2012 年龙票，色彩华丽，无面值

加拿大龙票

2012 年 1 月 10 日，加拿大邮政总局在多伦多举行龙年生肖邮票发行仪式。

加拿大邮政总局邮票事务负责人吉姆·菲利普说，庆祝中国农历新年非常有意义。加拿大华人社区人口众多，他们在历史上为加拿大作出了重要贡献。发行中国生肖邮票是该局邮票发行计划中非常重要的一部分，也有助于其他族裔民众了解中国传统文化。

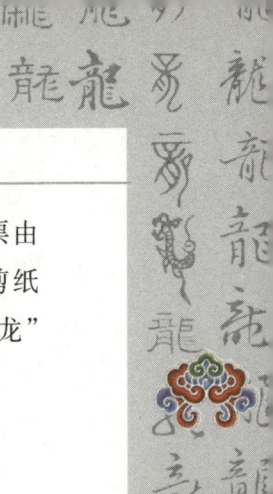

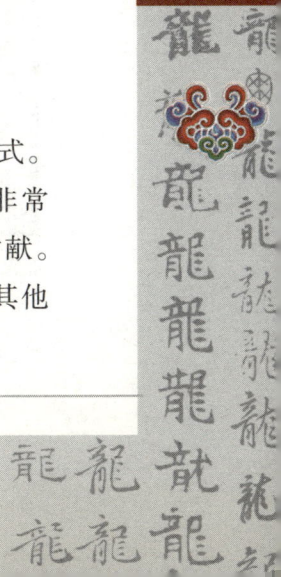

这套龙年邮票分国内邮资版和国际邮资版两款，由加拿大平面设计师路易·费舍豪夫设计，均以大红色为背景，邮票右上角印有一个繁体"龙"字，显示了浓郁的中国风情。

　　加拿大邮政总局从 1997 年开始，每年按照中国农历生肖推出一套纪念邮票，现已开始发行第二轮生肖邮票。自发行以来，这些生肖邮票一直吸引着邮票爱好者争相购买。

加拿大 2012 年龙票：红红火火，两个版本

加拿大 2000 年龙票型张首日封

法国龙票

　　经法国邮票公司选定签约，由著名旅法艺术家、教授李中耀创作的"中国龙年"邮票，2012年1月6日在巴黎市中心一家邮票公司正式发行。法国人过春节就如同中国人现在过圣诞节一样，新鲜、开心、祝福、祈平安。许多法国人已经爱上了春节，人人知道自己所属的生肖，年年过热闹的春节。

　　法国今年发行的五连张整版中国龙年生肖纪念邮票，是法国第八次发行中国农历生肖纪念邮票，此前曾发行过鸡、狗、猪、鼠、牛、虎、兔年的生肖邮票。

新西兰龙票

　　新西兰邮政局为庆祝中国农历新年的到来也发行了龙年生肖邮票。这套邮票共 4 枚，面值分别为新币 60 分、1.20 元、1.90 元和 2.40 元。

　　新币 60 分面值的邮票描绘的是西夏宋碑上刻铸的"龙"字；新币 1.20 元面值的邮票图案为一条剪纸造型的龙，反映了中国人对于民间剪纸艺术的喜爱，这条剪纸龙象征着繁荣、和睦与喜庆；新币 1.90 元面值的邮票描绘的是奥克兰元宵灯节上展示过的一个龙灯，显示了新西兰的多元文化；新币 2.40 元面值的邮票则是达尼丁（新西兰南岛城市达尼丁是新西兰历史上最早的华人定居点之一）火车站图案。

张珂先生的"龙"字邮票

日本龙票

2012龙年新春伊始，中国著名书法家张珂的作品被日本邮政以龙字纪念邮票形式发行，张珂现任日本《关西华文时报》书画院特聘教授和中国新闻社陕西分社社长。

日本《关西华文时报》为迎接壬辰龙年的到来，在其新年第一期报纸头版显要位置隆重推出中国著名书法家张珂先生大幅"龙"字书法作品，借此向该报读者和在日本的华人送上新年的祝福。

日本1964年龙年贺年邮票小版张

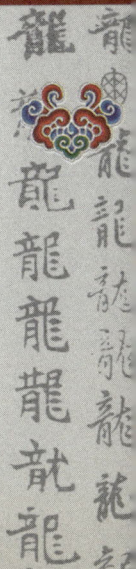

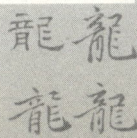

日本 2012 年龙票，最具艺术感，乡土玩具造型

列支敦士登龙票

　　2012 年，列支敦士登发行了首枚中国生肖邮票——壬辰龙年生肖邮票。这枚生肖邮票创意新颖、设计独特、色彩鲜艳。在一矩形票幅中，有一个直径为 40 毫米的圆，圆内为镂空的中国龙形象。这是世界上第一枚全镂空邮票，印制上采用了最为先进的激光切割技术。

这枚龙票以小版张形式发行。小版张的下方是一个龙年邮票的四方连，两边有"福""禄""寿""禧"的金色中文字，上方是以"八卦"形式展示的一幅金色的"十二生肖全家福"，其中不仅有八卦的各种符号，还有十二生肖的各种图案，还有天干、地支的中文字等，充分体现了中国"追求天人关系的和谐，人际关系的和谐，阴阳矛盾关系的和谐，多元文化关系的和谐"的文化内涵。小版张通红的底色上点缀着金色的图案和文字，喜庆而吉祥。

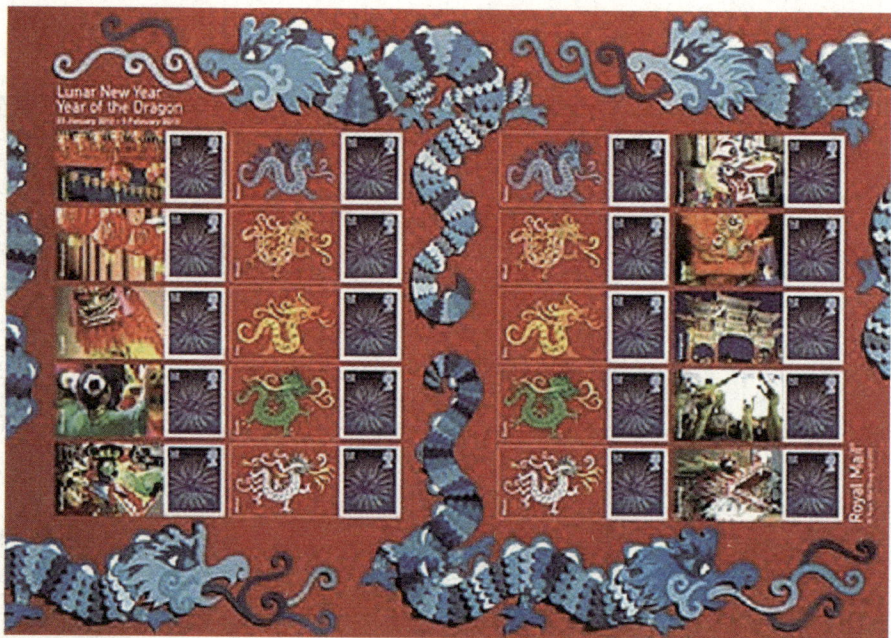

英国 2012 年龙票

澳大利亚 2000 年龙票

韩国 2012 年龙票

塞拉利昂 2012 年龙票

格林纳达 2012 年龙票

新加坡 2000 年龙票

新加坡 2012 年龙票

朝鲜 1988 年龙票

朝鲜 2012 年龙票

泰国 2012 年龙票

爱沙尼亚 2012 年龙票

克罗地亚 2012 年龙票

布隆迪 2012 年龙票

龙年赏龙

菲律宾 2012 年龙票

赤道几内亚 2012 年龙票

马来西亚 2012 年龙票

印度尼西亚 2012 年龙票

越南 2012 年龙票

十二生肖

利比里亚共和国 2012 年龙票

蒙古国 2012 年龙票

澳大利亚 2012 年龙票

斯洛文尼亚 2012 年龙票

几内亚比绍 2012 年龙票

马里共和国 2012 年龙票

LUNAR NEW YEAR

圭亚那 2012 年龙票

龙年赏龙

阿塞拜疆 2012 年龙票

圣诞岛 2012 年龙票

联合国 2012 年龙票

跋

《龙之书》是我们编辑出版的中国传统文化生肖系列丛书的第四本。继承了《牛之书》《虎之书》《兔之书》的悦读传统，《龙之书》将十二生肖中唯一的神兽"龙"与中国传统文化相结合，与有关龙的人物、事件等相结合，集龙文化的点点滴滴于一书，虽不成系统，但有别于以往生肖类图书，更符合年轻人的阅读习惯，可以说是一本传统文化知识的普及读本。这也与我们编辑出版该系列丛书的初衷一致，即让更多的读者，尤其是年轻人了解、关注、回归、弘扬中国传统文化。

本书由宁夏回族自治区党委原常委、宣传部长杨春光同志创意、策划、主编，并为之作序。宁夏新闻出版局局长朱昌平、黄河出版传媒集团总经理杨宏峰、宁夏回族自治区党委宣传部原副部长尤艳茹负责编写的组织指导工作。宁夏新闻出版局胡荣强、张雪晴、王锦玲，宁夏回族自治区党委宣传部闵生裕及宁夏画报社惠冰同志负责资料的收集、分类整理与编写工作。

本书编写中我们参考、借鉴了一些文字、图片资料，由于我们无法与个别作者取得联系，烦请作者与我们联系，我们在此表示真诚的感谢。

《龙之书》包括龙年说龙、说文解龙、龙年赏龙三部分，从起源、演变、生肖、文字、艺术、民俗等不同角度挖掘龙文化与中国人社会生活的密切关系，让读者全面感受龙文化的巨大张力和穿透力，展示龙文化对中国传统文化的影响。粗疏之处在所难免，敬请读者批评指正。

编　者